Heinz-Egon Rösch

RHEINHESSEN

auf historischen Wegen

Heinz-Egon Rösch

RHEINHESSEN

auf historischen Wegen

21 Wanderungen und 10 Fahrradtouren

Leinpfad Verlag Ingelheim

Umschlag und Satz: kosa-design, Ingelheim
Druck: TZ-Verlag & Print GmbH, Roßdorf

Abbildungen:
Umschlag: Foto: Heinz-Egon Rösch, Mainz;
Karte auf der Rückseite: Meki Landkarten GmbH, Pfungstadt

Archiv: S.12,38,73,81
Familie Meyer, Wackernheim: S.76
Stadtarchiv Mainz: S.7
Stadt Mainz, Vermessungsamt: S.16
Wander- und Lennebergverein „Rheingold“ Mainz e.V.: S.45
Peter Warbinek, Siefersheim: S.25
alle anderen Karten: Geobasisinformation (TK25/TK50) © Landesamt für Vermessung und Geobasisinformation, Rheinland-Pfalz vom 30.6.2003. Az.: 26722-1.401
alle anderen Fotos: Heinz-Egon Rösch, Mainz

Leinpfad-Verlag, Leinpfad 5, 55218 Ingelheim,
Tel. 06132/8369, Fax: 896951
www.leinpfad-verlag.de

ISBN 3-9808943-0-4

Wandert oder fährt man auf dem Fahrrad durch Rheinhessen, so begegnet man allerorten Spuren der Vergangenheit. Die Bewohner dieses fruchtbaren Landstrichs zwischen Mainz, Bingen, Alzey und Worms haben sich hier durch die Jahrhunderte und Jahrtausende wohl gefühlt, wenn auch die Bezeichnung "Rheinhessen" kaum 180 Jahre alt ist. Die Oberfläche des Tafel- und Hügellandes hat sich erst mit dem Abfließen des tertiären Meeres allmählich herausgebildet. Das Land ist in der Stein- und in der Bronzezeit zuerst von umherstreifenden Jäger- und Sammlergruppen bewohnt, dann von den Kelten ständig besiedelt worden, wie Funde in Mainz, Alzey, Wallertheim und vielen anderen Orten in Rheinhessen zeigen. Die keltischen Kultstätten und Menhire (Hinkelsteine), z. B. an der Pariser Straße bei Saulheim, bei Gumbsheim, bei Armsheim, und die Reste von keltischen Ringwällen bei Nack und bei Neu-Bamberg sowie Hügelgräber geben Zeugnis von frühen Niederlassungen, ebenso wie die keltische Kultstätte als Vorgängerin des jüngst ausgegrabenen Isistempels in Mainz. Schließlich rührt der Name Mainz, lateinisch Mogontiacum, angeblich von dem keltischen Gott "Mogon" her, daraus ist dann Mogonza, Moguntia, Ments, Meintz, Mayntz, Mainz geworden.

In Mainz (Mogontiacum) stößt man bei Ausgrabungen überall auf die Hinterlassenschaften der Römer, die neben denen in der ältesten deutschen Stadt Trier (Augusta Treverorum) die bedeutsamsten in Deutschland sind: die Reste der römischen Wasserleitung, das weitläufige römische Legionslager auf dem Kästrich, das gewaltige Denkmal zu Ehren des Drusus, das großartige Theater, die römischen Rheinschiffe im Museum für Antike Schifffahrt, die Basis des großen Triumphbogens in Mainz-Kastel, die wertvollen Geräte- und Steinsammlungen im Römisch-Germanischen Zentralmuseum und im Landesmuseum (Jupiter-Säule, Dativius-Victor-Bogen, zahlreiche Grabdenkmäler) und neuerdings die Überreste des Isistempels in der Römerpassage. Diese alle werden wir auf unserer Wanderung auf römischen Spuren in Mainz kennen lernen.

In Ingelheim steigen wir ein in die Zeit Karls des Großen (748-814), der hier eine Pfalz (palatium) baute, die er wie auch seine Nachfolger gern besuchte, um dort Hof zu halten und Feste zu feiern. Der Komplex der Kaiserpfalz wurde in wesentlichen Teilen in den letzten Jahren archäologisch und historisch bearbeitet. Im Anschluss daran führt uns der Weg über die Prozessionsstraße zur Remigiuskirche und weiter durch die Grundstraße nach Ober-Ingelheim, wo sich die einzigartige gotische Burgkirche und eine teilweise doppelte Wehrmauer befinden. Ein Stadtrundgang entlang der noch in einzelnen Teilen vorhandenen Stadtmauer, ihren Türmen und Toren schließt sich an.

Vielfältig sind in Rheinhessen auch jahrhundertealte Pilger- und Wallfahrtswege, von denen hier acht beschrieben werden – so zum Rochusberg, zum Jakobsberg, zum Laurenziberg, im Lennebergwald bei Mainz-Gonsenheim und Budenheim, zur Kreuzkapelle am Wißberg, zum Klausenberg bei Abenheim und auf den Spuren eines neuerdings erforschten und mit Informationstafeln ausgestatteten Pilgerweges von Worms nach Dittelsheim, dessen Weiterführung gegenwärtig erarbeitet wird. Wanderungen auf solchen Wegen sind heute wieder aufgelebt. Sie wecken in uns die Gedanken und Sinnfragen nach den Lebenswegen jedes Einzelnen und der Gemeinschaft.

Zu den Wegen besonderer Art zählen die Leinpfade, auf denen Pferde bis ins 19. Jahrhundert Schiffe rheinaufwärts "treidelten" (von lat. trahere = ziehen). In unserem im Leinpfad Verlag (Ingelheim) erschienenen Buch werden die Streckenabschnitte zwischen Bingen und Mainz sowie Mainz und Nackenheim beschrieben. Die Leinpfade sind heute belieb-

Hier sieht man genau, wie früher auf dem Leinpfad getreidelt wurde: Pferde zogen die Schiffe an Seilen flussaufwärts (um 1772).

te Wander- und Radwanderwege, die das unmittelbare Erlebnis des Rheins, der noch intakten Auenwälder mit ihren seltenen Vögeln und Pflanzen, der beschaulichen Inseln, der Rheindämme und des Schiffsverkehrs spüren lassen

Wir gehen auf Entdeckungstouren! Wer kennt schon die naturbelassenen Hohlwege in der Gemarkung von Heidesheim oder Alsheim? Es gab in Rheinhessen viele Hohlwege in den Lösshängen des Tafel- und Hügellandes. Fast alle sind der Flur- und Weinbergsbereinigung oder Neubaugebieten zum Opfer gefallen, bis auf die von Heidesheim und einige wenige bei Ingelheim, Bingen-Kempten und Alsheim. Sie gehören zu den besten Biotopen in Rheinhessen. - Oder gehen wir von Trullo zu Trullo in der Rheinhessischen Schweiz; das sind kuppelförmige Weinbergshäuser, die angeblich von italienischen Gastarbeitern im 18. Jh. gebaut wurden – eine Seltenheit in deutschen Landen! - Unserem berühmten rheinhessischen Landsmann Carl Zuckmayer (1896-1977) folgen wir in den "fröhlichen Weinberg" bei Nackenheim. - Oder wer kennt schon die Mühlen – vier an der Zahl – im Weidasserbachtal bei Alzey? Sie arbeiten zwar schon lange nicht mehr, aber sie bieten noch immer einen eindrucksvollen Anblick auf unserer Mühlenwanderung.

Nachdem wir nun des Wanderns müde sind, setzen wir uns aufs Rad und unternehmen Fahrradtouren in der Region. Auch hier gelten die historischen Anklänge. Die Römer legten aus strategischen und kommerziellen Gründen Straßen an, von Mainz ausgehend nach Bingen, Alzey und Worms. Napoleon griff diese Ideen auf und ließ schnelle Heerstraßen anlegen, die noch heute bestehen. Wir folgen diesen Straßen mit dem Rad auf begleitenden Radwegen, so entlang der Höhenstraße Mainz-Ingelheim, Mainz-Nieder-Olm und im südlichen Rheinhessen entlang der "Gaustraße", die zum Teil auch Römerstraße war.

Noch besser lässt es sich mit dem Rad auf den Trassen ehemaliger Eisenbahnen in Rheinhessen fahren. Nur knapp zwanzig Jahre lang gab es die Festungsbahn im vorgelagerten Festungsgürtel von Mainz. Von Mainz-Hechtsheim aus folgen wir ihrer nur noch zu erahnenden Spur auf der "Militärstraße" im Kesseltal an Mainz-Ebersheim vorbei durch die "Franzosendell". Sie führt dann oberhalb von Mainz-Marienborn und Klein-Winternheim zur Forststraße und durch den Ober-

Unter großer Anteilnahme der Bevölkerung machte das "Amiche" seine letzte Fahrt, hier im Bahnhof von Selzen.

Olmer Wald nach Wackernheim und nach Mainz-Finthen. - Die rheinhessischen Eisenbahnen trugen volkstümliche Namen und es rankt sich manche kleine Anekdote oder Episode um ihre Namensgebung. So dampfte rund fünfzig Jahre lang die "Luise" oder das "Luischen" - mitunter auch "Zuckerlottchen" genannt - im Selztal zwischen Ingelheim und Stadecken-Elsheim (heute Radwanderweg Selztal) nach Partenheim. Wir wollen aber auch Abstecher von der Trasse machen und die Ortskerne von Groß-Winternheim, Schwabenheim, Elsheim, Stadecken, Jugenheim und Partenheim besuchen. – Von Bodenheim nach Alzey fauchte das "Amichen" durch Rheinhessen. Wir folgen auf dem Radweg der ehemaligen Bahntrasse zwischen Gau-Bischofsheim, Harxheim, Mommenheim, Selzen, Hahnheim, Köngernheim und Undenheim, wo noch die schmucken Bahnhöfe stehen, aus gelben und roten Backsteinen gemauert. – In Undenheim "steigen wir um" auf das "Valtinchen", auf dessen ehemaliger Trasse wir den Rhein in Nierstein/Oppenheim erreichen. – Das "Bawettchen" war ein Bähnchen im südwestlichen Rheinhessen, das 65 Jahre lang von Sprendlingen über Badenheim, Wöllstein durch das liebliche Tal des Appelbachs nach Neu-Bamberg, Frei-Laubersheim und Fürfeld "zockelte". – Und schließlich fahren wir auf der Trasse des "Wissegickelche", das von Worms über Worms-Horchheim, Wiesoppenheim und Heppenheim zur Zukkerfabrik von Offstein (und weiter nach Grünstadt) ratterte.

Zum Schluss unternehmen wir noch eine Radtour, eine Museums-Radtour. Sie beginnt beim "Rheinhessischen Fahrradmuseum" in Gau-Algesheim, führt dann zum "Museum bei der Kaiserpfalz" in Ingelheim und am Rhein entlang nach Bingen zum "Museum am Strom", von dort um den Rochusberg herum zum Heimatmuseum in Ockenheim und wieder zurück nach Gau-Algesheim.

Auf Spurensuche in Rheinhessen! Es gilt, den historischen Wegen zu Fuß und mit dem Fahrrad "nachzuspuren-nachzuspüren" und sie aufzuschließen für das Verständnis und Erlebnis einer Landschaft, die geprägt ist von Weite und Wärme, von Fruchtbarkeit und Kultur, von liebenswerten Menschen auf allen ihren Wegen.

Es geht in diesem Buch in erster Linie um das Wandern und Radfahren auf historischen Wegen. Jedoch, manche Spuren sind verwischt und können nur "nachempfunden" werden. Die Touren möchten Impulse setzen für Menschen, die sich gern bewegen, gesund leben und dabei Kultur und Geschichte ihrer rheinhessischen Umwelt erleben und erfahren wollen. Das Buch will keine geschichtswissenschaftliche Darstellung sein. Nur einzelne historisch-kulturelle Aspekte werden herausgegriffen. Es möchte auch keine Beschreibung der Flora und Fauna am Wegesrande sein. Diese gilt es – je nach Jahreszeit – selbst zu entdecken. Tages- und Landschaftsstimmungen lassen sich ohnehin nur subjektiv vermitteln. Weiterführendes Material kann man den Literaturhinweisen entnehmen. Auch auf Angaben zur Gastronomie wird verzichtet, da die Gaststätten oft nur jahreszeitlich geöffnet sind, wie z. B. die Straußwirtschaften und Gutsschenken. Empfehlungen werden oft unterschiedlich aufgenommen. Für die Gastronomie gibt es ebenfalls entsprechende Literatur oder Informationen, die die Rheinhessen-Information in Ingelheim mit weiteren Hinweisen über Rheinhessen anbietet (Tel. 06132-44170, www.rheinhessen-info.de).

Danken möchte ich allen, die mit mir in froher Gesellschaft Wanderungen und Fahrradtouren in Rheinhessen unternommen haben. Mein besonderer Dank gilt Rektor a.D. Lutz Ruppersberger (Wöllstein), Walter Nepelius von der Schienenarchäologie in Rheinhessen, Birgit Böttcher und Bernhard Rösch für ihre Recherchen und Dipl. Ing. Harry Tebbe, dem Fahrradbeauftragten der Stadt Mainz, für kundige Hinweise und Anregungen. Dem Leinpfad-Verlag und der Verlegerin Angelika Schulz-Parthu danke ich für die Anregung zu diesem Buch. Es ist mit neuen, vor allem historischen Akzenten, die Fortsetzung meiner Bücher über Rheinhessen, u.a. "Wandern in Rheinhessen" (Mainz 1990), "Wandern im Rhein-Main Gebiet" (Mainz 1998) und "Radwanderführer Rheinhessen-Pfalz" bzw. "Radwanderführer Pfalz-Rheinhessen" (Ostfildern 1989, 6. Aufl. 2003).

Mainz, im Sommer 2003
Heinz-Egon Rösch

1.1
Die Kelten an der Teufelsrutsch bei Nack (11 km)

Auf den topografischen Karten sind im südwestlichen Rheinhessen zwei keltische Ringwälle, bei Nack und bei Neu-Bamberg, eingetragen. Sie gehören zu einer Reihe bekannter Fliehburgen in der Großregion, in die sich die Kelten zurückzogen, wenn Gefahren drohten, so im Taunus auf der Hallgartner Zange, auf dem Altkönig, im Heidetränk-Oppidum Goldgrube bei Oberursel oder auf der Höhe über Hofheim, auf dem Donnersberg in der Nordpfalz und im Hunsrück auf der Alteburg bei Gemünden, auf der Wildenburg bei Kempfeld, auf dem Ringskopf bei Kirschweiler und die noch am besten erhaltene Anlage bei Otzenhausen. In Rheinhessen begegnet man den Ringwällen am Steilabhang des Ahrenberges (293 m) bei Nack und Nieder-Wiesen, und auf dem Galgenberg (250 m) bei Neu-Bamberg. Sie liegen in den landschaftlich schönsten Partien von Rheinhessen und liegen geomorphologisch auf den Ausläufern des Nordpfälzischen Berglandes. Verstreut über ganz Rheinhessen gibt es zahlreiche Bodenfunde an Rast- und Wohnplätzen, Kultbezirken und Hügelgräbern aus keltischer Zeit. Menhire sind noch zu sehen an der L 401 bei Saulheim, bei Gumbsheim, bei Armsheim und bei Bornheim. Die rheinhessischen Museen in Alzey, Bingen, Mainz und Worms bergen viele Funde aus dieser Zeit, wie Urnen, einfache und verzierte Vasen und Krüge, Werkzeuge und Schmuck wie Halsketten, Ohren-, Finger- und Fußringe, Broschen, Fibeln. Professor Dr. Gustav Behrens hat in den 20er und 30er Jahren des 20. Jhs. viele Funde aus dieser Zeit ergraben, gesammelt und datiert, die dann in die Museen wanderten, wo sie heute zu bewundern sind. Jüngstes Beispiel für die keltische Vergangenheit ist die Ausgrabung des Fundamentes eines keltisch-römischen Heiligtums

(Tempel der Isis/Mater magna) in der Mainzer Innenstadt (Römerpassage).

Ausgangspunkt
Wendelsheim, Hasselmühle im Wiesbachtal
Karten TK 1:50 000 Wander- und Radwanderkarte "Mainz und Rheinhessen";
TK 1:25 000 "Wandern in der Rheinhessischen Schweiz" des Zweckverbandes Rheinhessische Schweiz (Wöllstein,
Tel.: 06703-302-0).
Anfahrt A 63 Mainz-Kaiserslautern, Ausfahrt Erbes-Büdesheim, links, L 409 nach Wendelsheim, am Ortseingang links K 4 Richtung Nieder-Wiesen bis zur Hasselmühle.
ÖPNV: ORNN 444 von Bahnhof Alzey nach Wendelsheim.
Wanderstrecke (11 km): Hasselmühle – Schweizer Haus (2 km) – Keltenwall (0,5 km) – Nack (2 km), Erbes-Büdesheim (2,5 km) – Riedertal, L 407 (3 km) – Hasselmühle (1 km).

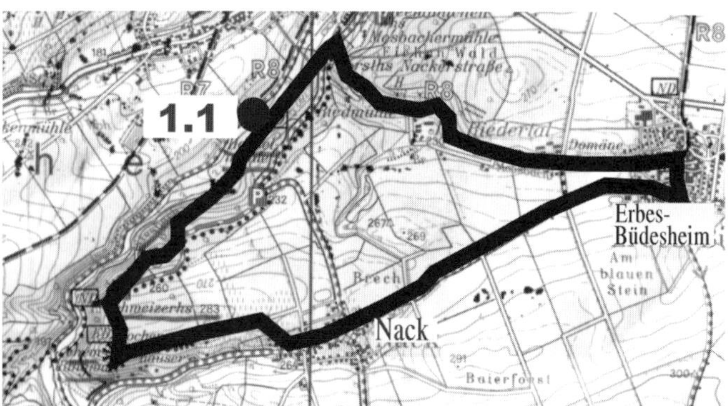

Beschreibung des Wanderweges
Hinter der Hasselmühle führt ein Bergweg (Beschilderung R 8 rot, R 48 blau) vom Talgrund des Wiesbachs in leicht ansteigenden Windungen durch den Mischwald hinauf zum Schweizerhaus. Das Schweizerhaus trägt seinen Namen nach der "Rheinhessischen Schweiz", wie diese Gegend wegen ihres landschaftlichen Reizes auch genannt wird. Der Stil des 1886 vom Verschönerungsverein Wendelsheim erbauten Hauses geht zudem auf schweizerische Vorbilder im Hausbau zurück. (Die Gaststätte ist sonn- und feiertags geöffnet, T-Auskunft wochentags beim Zweckverband Rheinhessische Schweiz, Wöllstein 06703-302-0). Neben dem Schweizerhaus liegt die Teufelsrutsch. Von der Aussichtskanzel hat man einen Blick in das liebliche Wiesbachtal und im Süden zum Donnersberg, dem mit 687 m höchsten Berg in der Pfalz. Der Name "Teufelsrutsch" entsprang der heimischen Sagenwelt. Die "Rutsche", im Rheintal auch "Rossel" genannt, besteht aus erodiertem Rhyolith-Ergussgestein und zieht auf 20–30 m Breite hinab ins Tal.
Hinter dem Schweizerhaus führt der Weg zuerst halblinks, dann rechts bis zum südwestlichen Punkt des Ahrenbergs. Dort hat man wiederum eine schöne Aussicht auf das Tal und das Nebental des Wiesbachs. Man erblickt Nieder-Wiesen, einst im Besitz der Grafen von Hunol(d)stein (Hunsrück), und über den Schutthalden des Quecksilberabbaus sieht man in der Ferne den Donnersberg liegen. Zu Füßen gewahrt man einen lang gezogenen Erdwall mit einer 3-4 m langen Einbuchtung, durch die ein Pfad führt. Hier war ein kleiner keltischer Ringwall mit einem Tor – nun ist alles verschüttet. Gustav Behrens hatte schon 1927 in seinem Bilderheft "Bodenurkunden aus Rheinhessen" den Wall zum ersten Male dargestellt. In der geschützten Lage hatten die Kelten das Tal gut im Blick, und sie standen dort oben in direktem Sicht-

Das Schweizerhaus an der Teufelsrutsch bei Wendelsheim

kontakt mit dem gewaltigen keltischen Ringwall auf dem Donnersberg.Man folgt nun links dem Wanderweg R 48 am Südhang des Ahrenberges entlang. Oberhalb des Wochenendhausgebietes erreicht man das Neubaugebiet von Nack.

Weiter geht es zur Ortsmitte, wo sich die beiden Landstraßen kreuzen. Von hier aus führt der R 48 auf dem Feldweg entlang der Kreisstraße Nr. 7 bis vor Erbes-Büdesheim. Man kann auch nach dem Nacker Friedhof rechts auf einen Feldweg einbiegen und danach links geradeaus nach Erbes-Büdesheim wandern, jedoch ist der Weg nicht in gutem Zustand. Am Sportplatz vorbei geht es weiter in den Ort hinein. Dort findet man zwei Kirchen aus dem 18. Jh., die katholische Bartholomäuskirche und die evangelische Kirche mit der Gruft der berühmten Familie La Roche, sowie ein Schloss mit Park, wegen ihres Anstriches als "Rote Burg" bezeichnet. Es geht auf das 13. Jh. zurück und gehörte damals den Rittern von Morschheim. Heute ist es in Privatbesitz. Im ehemaligen Rathaus ist das "Rheinhessische Postmuseum" untergebracht (Öffnungszeiten n. Vereinb., Tel. 06731-43839).

An der katholischen Kirche biegt man links in die Niedergasse ein. Auf einem zunächst ebenen Weg, der an der Domäne vorbeiführt, taucht man ein in das romantische Riedertal, durch das der Moosbach fließt. Der Weg ist gesäumt von alten Bäumen, Felsengruppen und –hängen, dazwischen ein Weinberg, Ansammlungen von Trockenrasen, Wildrosenhecken und Felsenbirnen. Am Ende des Tälchens stößt man auf die Straße von Wendelsheim nach Nack (L 407). Diese wird überquert zum Wanderweg R 8, dem man nach links folgt und mit schönen Ausblicken nach rechts in den Talgrund belohnt wird. Jetzt ist es nicht mehr weit bis zum Ausgangspunkt der Wandertour, der Hasselmühle von Wendelsheim. Zum Schluss sollte man noch einen Ortsrundgang (2 km) machen, denn Wendelsheim hat einiges zu bieten. – Wendelsheim besteht aus zwei Ortsteilen, Ober- und Unterwendelsheim, die durch die beiden Täler, das Finkenbachtal und das Wiesbachtal, die hier zusammentreffen, gebildet werden. - Die Martinskirche hat einen romanischen Chorturm und einen barocken Saal. Sie liegt etwas erhöht über einer umfangreichen Stützmauer. - Das ehemalige Schloss des Rheingrafen Carl Magnus (letzter Sitz in Gaugrehweiler am Appelbach) wurde um 1758 erbaut. Hoch verschuldet, musste der Graf zehn Jahre Festungshaft in Königstein abbüßen. Das berichtet der in Wendelsheim 1758 geborene Friedrich Christian Laukhard, Sohn des dortigen Pfarrers, in seinem fünfteiligen Werk: F.C. Laukhards Leben und Schicksale von ihm selbst beschrieben (Halle ab 1792, Reprint Frankfurt am Main 1987). Der Magister schildert darin sein eigenes unstetes Leben. Das Buch ist gleichzeitig ein Sittengemälde der damaligen Zeit. - Das Rathaus ist ein eleganter Barockbau, und eine dort angebrachte gusseiserne Tafel erinnert an die am 7. März 1848 "verkündeten bürgerlichen Freiheiten". – Wendelsheim hat neben ansehnlichen Fachwerkhäusern einen alten, fein gemauerten Bahnhof, von dem aus bis 1966 Personen und etwas länger Zuckerrüben nach Armsheim (und weiter nach Mainz, Worms und Bingen) befördert wurden.

1.2 Hinauf zu den Kelten auf dem Galgenberg bei Neu-Bamberg (8,5 km)

Über keltische Ringwälle, Funde aus der Zeit der Kelten usw. vgl. 1.1.

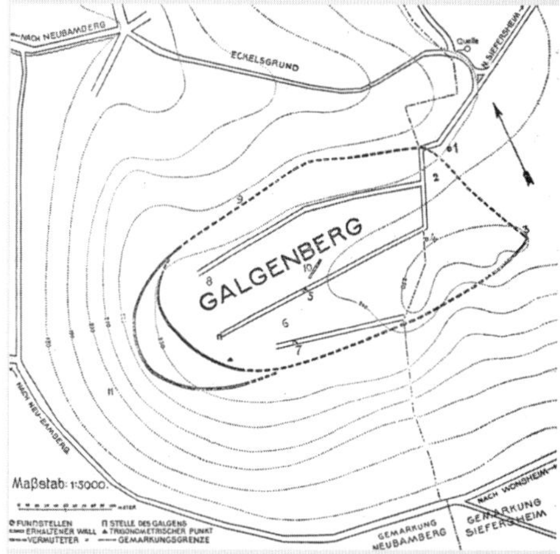

Grundriss des Ringwalls auf dem Galgenberg bei Neubamberg. Die Südostecke und der doppelte Wall im Westen sind erhalten, so dass man den Umfang rekonstruieren konnte.

Die Wanderung findet in einer der schönsten Landschaften Rheinhessens statt. Der Ausgangspunkt der Wanderung ist Neu-Bamberg, ein ehemaliges Burgstädtchen der Raugrafen (ursprünglicher Sitz auf der Altenbaumburg oberhalb von Altenbamberg im Alsenztal). Es liegt auf einem felsigen Bergrücken über dem Tal des Appelbaches. 1320 erhielt der Ort freiheitliche Privilegien durch König Ludwig den Bayern. 1668 wurden die Burg und große Teile des Städtchens zerstört. Die Reste der Burgmauern und eine St.-Dionysius-Kapelle (13.-19. Jh.) zieren die Bergspitze. Zuletzt war das Städtchen im Besitz von Kurmainz (Amtshaus). Die evangelische Kirche St. Georg (romanisch-gotisch) liegt im Friedhof als einziger Überrest des im Mittelalter nach Neu-Bamberg umgesiedelten Dorfes Sarlesheim. – Das Wandergebiet ist sehr reichhaltig strukturiert. Auf der geologischen Grundlage des eruptiven und felsigen Rhyoliths (Porphyr) entwickelten sich hier markante Landschaftsformen, zu denen der Burgberg von Neu-Bamberg, der Galgenberg, der Mühlberg, das Horn und der tiefe Taleinschnitt des Appelbaches gehören. Sie sind bedeckt mit Magergräsern, Heidekraut, Dorn- und Ginsterbüschen und Felsenbirnen. Die Steppenheide steht unter Naturschutz. Es gibt einen Kräuterwanderweg "Am Horn". Auf ertragreicheren Böden breiten sich Weinberge aus. Das Klima ist mild, sonnig und regenarm wie in südlichen Ländern.

Ausgangspunkt
Neu-Bamberg, Kandelpforte (ehem. Stadttor) am Westrand von N.-B.
Karten TK 1:50 000 Wander- und Radwanderkarte "Mainz und Rheinhessen";
TK 1:25 000 "Wandern in der Rheinhessischen Schweiz" des Zweckverbandes Rheinhessische Schweiz (Wöllstein, Tel.: 06703-302-0).
Anfahrt A 61, Ausfahrt Gau-Bickelheim, nach rechts die B 420 bis Wöllstein, danach links die K 89 nach Neu-Bamberg. Von Westen die B 420 bis Frei-Laubersheim, dann rechts die L 409 nach Neu-Bamberg. Parkplatz an der Kandelpforte.
ÖPNV: ORNN ab Bahnhof Bad Kreuznach.
Wanderstrecke (8,5 km): Kandelpforte – Ajax-Turm (1,5 km) – Galgenberg, Ringwall (1,5 km) – Kräuterwanderweg "Am Horn" (2 km) - Kriegerdenkmal (1 km) – Wolfskaut (1,5 km) – Appelbachtal, Schutzhütte (0,5 km) – Neu-Bamberg (1 km) – Ortsrundgang (1,5 km).

Beschreibung des Wanderweges
Durch das Tor der prächtigen Kandelpforte geht man am "Scheep" vorbei, dann rechts abbiegend zur "Wasserpforte" (die nicht mehr da ist) und überquert den Appelbach, der sich hier rauschend seinen Weg am steilen Hang entlang bahnt. Geradeaus aufwärts geht es auf einem mit großen Rhyolith-Steinen gepflasterten und mit Büschen bepflanzten Weg in den "Eckelsgrund". Am Feldkreuz biegt man rechts ab, geht zunächst 100 m abwärts und gelangt dann geradeaus leicht ansteigend

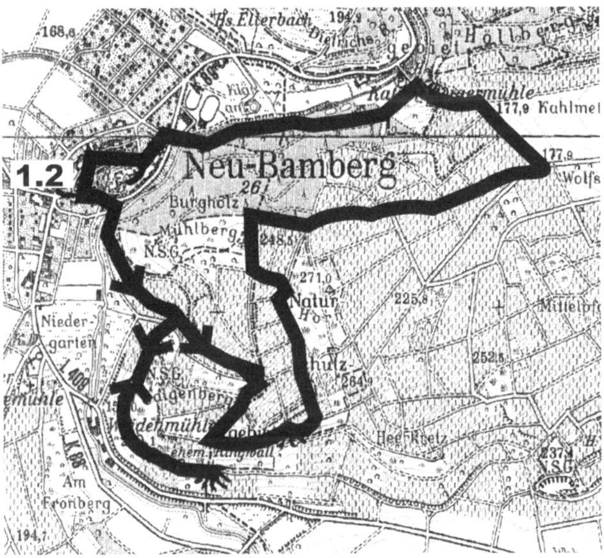

zum Ajax-Turm. Der runde Turm wurde 1865 von dem Weingutsbesitzer Jung aus Siefersheim erbaut. Auf dem zinnenbewehrten Turm steht oben sein Hund "Ajax", in Stein gehauen, und schaut in das Tal.
Innen hat der Turm zwei gewölbte Etagen, in der unteren ist ein Loch, um mittels einer Leiter in die obere zu gelangen. Um den Turm rankt sich manch liebliche Geschichte. So soll der Turm Treffpunkt für ein Liebespaar gewesen sein, einen Weingutsbesitzer und eine

schöne Müllerin, die im oberen Stockwerk ihre Schmusestunden pflegten. Um ungestört zu bleiben, zogen sie die Leiter durch das Loch nach oben.

Blick vom Keltenwall ins Appelbachtal

Nun geht es zurück auf dem Weg, wie gekommen, bis zum Feldkreuz im Eckelsgrund. Dort wandert man nach rechts hoch durch die Weinberge bis zur Weggabelung und von dort wiederum nach rechts durch ein Wäldchen hinauf auf den Galgenberg. Hier oben gibt es zwar nicht mehr viel von den Kelten zu sehen. Aber man kann noch gut an einem kleinen Wall und an der Abbruchkante den Verlauf des Ringwalles nachspüren. Im Mittelalter stand hier weithin sichtbar der Galgen. Vor allem hat man eine schöne Aussicht auf die Landschaft und die Reiterhöfe im Wiesengrund.
Man folgt dem schmalen Pfad weiter durch die Magerrasensteppe bis zum Kräuterwanderweg (markiert), den man nach links entlang der Weinberge wandert, bis er nach links, dann wieder rechts abbiegt. Man erklettert auf einem Pfädchen das unter strengem Naturschutz stehende Horn (271 m). Hier oben hat man eine vorzügliche Rundsicht über das rheinhessische Tafel- und Hügelland, das Pfälzer Bergland im Süden und den Hunsrück im Westen. Nun nimmt man den Weg abwärts, gelangt auf den R-4-Weg, überquert diesen nach links und wandert dann wieder nach links gehend leicht aufwärts zum Kriegerdenkmal, errichtet aus Feldsteinen für die Gefallenen des Krieges 1870/71. Man steht hier auf dem Mühlberg (249 m) mitten in einer Heidelandschaft mit Heidekraut, Gräsern und Birken. Von hier aus geht man 200 Meter in südlicher Richtung, dann nach links und gelangt wieder zum R-4-Weg, dem man nach links folgt bis zur Kreuzung (von vorhin), und dann geht es in östlicher Richtung durch die Weinberge der Gemarkung Siefersheim bis zur "Wolfskaut". Am letzten Weinberg biegt man links ein in einen zunächst ebenen Feldweg, der dann in einen alten Hohlweg einmündet und hinunter in das romantische Appelbachtal führt, das man an der Schutzhütte "Im Tälchen" erreicht. Hier rauscht der Appelbach, schräg gegenüber steht die ehemalige Katzensteigermühle. Man biegt links auf den Wanderweg ein, die Trasse der ehemaligen Bahnlinie Sprendlingen – Wöllstein – Neu-Bamberg – Fürfeld, auf der das "Bawettche" dampfte (vgl. 6.5). Rechts im Talgrund hat der Angelsportverein "Ruhig Blut" seine gepflegten Teiche und eine Schutzhütte, die mit einem Spruch einlädt: "Lieber Wandrer, halte nur Rast, und wand're weiter ohne Hast". Vorbei an steilen Felswänden kommt man zu einer Brücke über den Appelbach.
Nach der Überquerung der Brücke geht man gleich links die Treppe und einen alten Burgpfad hinauf zu den Ruinen der Burg und zur Burgkirche. Auch hier bezaubert der Rundblick. Durch die enge Schlossstraße geht es nun hinunter zurück zur Kandelpforte.

1.3 Auf den Spuren der Römer in Mainz (9-10 km)

Mainz, das römische Mogontiacum, war über 400 Jahre lang Legionslager und Hauptort der römischen Provinz Germania Superior (Obergermanien), welche von den Alpen bis Andernach reichte. Dort schloss sich die zweite Provinz Germania Inferior (Niedergermanien) mit den Hauptsitzen Köln (Colonia Agrippinensis) und Xanten (Colonia Ulpia Traiana) an. Die dritte Provinz Belgica umfasste große Teile des Hunsrücks, der Eifel, das Land der Treverer (Trier) und der Leuker im Saargau bis weit nach Lothringen hinein. Aus römischer Zeit gibt es in Mainz zahlreiche mehr oder weniger gut erhaltene Überreste, denen man bei der Wanderung durch die Stadt begegnet, wie z. B. den Überresten der römischen Wasserleitung, dem römischen Theater, dem Drusustein, den Römerschiffen, der Jupitersäule, der Isis-Mater-Magna Kultstätte. – Fast alle auf der Wanderung zu besichtigenden Objekte sind mit Informationstafeln versehen, die Auskünfte geben über die Geschichte und die Funktionen der Gebäude.

Ausgangspunkt
Mainz, Römersteine (Pfeiler-Überreste des römischen Aquädukts).
Karten Amtlicher Stadtplan Mainz, Vermessungsamt, Maßstab 1:15 000.
Anfahrt Mainz, Albert-Schweitzer-Straße, Backhaushohl, Bus MVG: Hbf Linie 6, Haltestelle Backhaushohl. Fuß- und Radweg: An den Römersteinen.
Wanderstrecke (9-10 km): Römersteine Aquädukt – Kästrich (2 km) – Drususstein (1,5 km) – Römisches Theater (0,5 km) – Museum für antike Schifffahrt, Römerschiffe (0,3 km) – Rheinbrücke (2 km) – Kastel, Fundamente Germanicus-Bogen (0,5 km) – Jupitersäule vor dem Landtag (1,5 km) – Landesmuseum (0,4 km) – Isis-Magna-Mater Kultstätte (0,5 km).

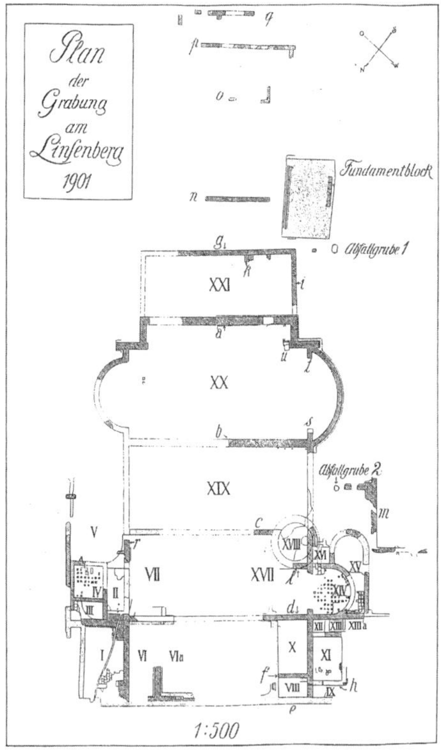

Plan der Grabungen am Linsenberg in Mainz 1901

Beschreibung des Wanderweges
Gegenüber der Bushaltestelle "Backhaushohl" geht man ca. 100 m in die Straße Backhaushohl hinein, um dann nach links auf einen Kiesweg einzubiegen, an dem die Römersteine (1), die mehr oder weniger sichtbaren 58 Pfeilersteine des römischen Aquäduktes, stehen. Die behauenen Außensteine der Pfeiler fehlen. (Drei weitere Fundamentsteine sind am Dalheimer Weg an der Südkurve des Universitätsstadions zu sehen). Diese Relikte eines römischen Aquäduktes sind in Deutschland einzigartig. Der Aquädukt wurde im letzten Drittel des 1. Jhs. n. Chr. für die Was-

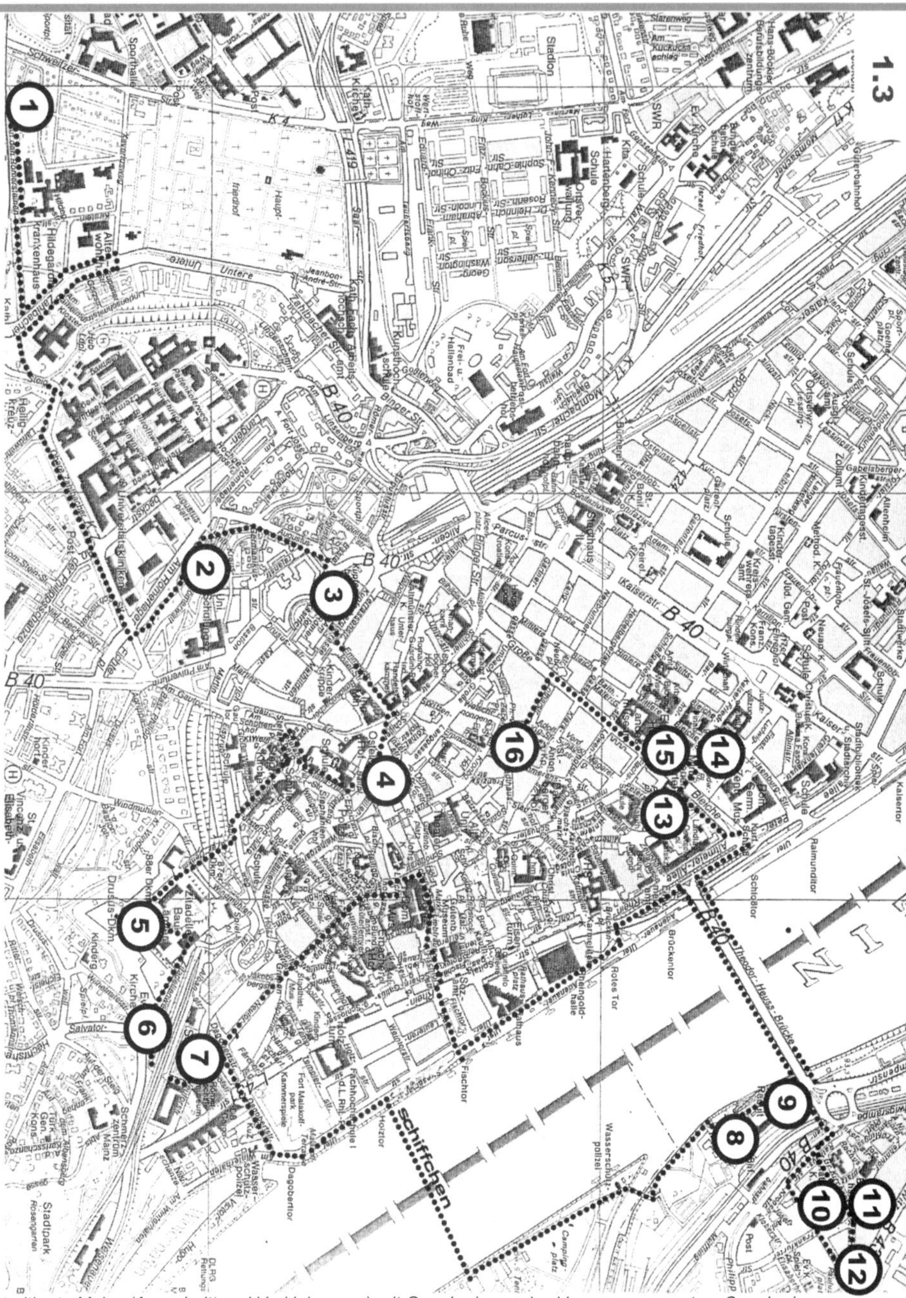

Stadtkarte Mainz (Ausschnitt und Verkleinerung) mit Genehmigung des Vermessungsamtes, Genehmigungsnummer 10/03.

serversorgung des Kastells erbaut. Das Wasser wurde aus den Quellgebieten bei Finthen (Fontana) und Drais über 9 km nach Mainz geleitet. Einige Pfeiler im Bereich des Zaybachtales sollen bis zur ursprünglichen Höhe von ca. 25 m rekonstruiert werden.
Die Überquerung der Zahlbacher Straße ist etwas kompliziert. Am besten geht man nach links bis zur Ampel, danach nach rechts bis hinter die Klinik und dann nach links hoch bis zum Plateau, wo auch die Wasserleitung in das römische Lager führte. In der Oberen Zahlbacher Straße geht man geradeaus bis zum Fichteplatz, überquert dann die Straße nach links und betritt die Parkanlagen des Römerwalls. Mitten im Park lag einst (etwa gegenüber dem Augustusplatz) die große Kastellbad-Therme am Römerwall (Militärbad) (2). Das Bad wurde 1901 ausgegraben und vermessen, aber dann wieder zugeschüttet. Es sollte unbedingt wieder freigelegt werden, denn es dürfte eine Attraktion für das römische Mainz darstellen. Das am Ende des 1. Jhs. errichtete Bad war 69 m lang und 50 m breit und hatte u.a. ein Frigidarium (Kaltbad), ein Caldarium (Warmbad) und ein Tepidarium (Schwitzbad).
Die Wanderung wird fortgesetzt durch die Parkanlage bis zur Augustusstraße, der man nach rechts bis zum Dorint-Hotel folgt. Dort biegt man nach rechts ein auf den Kästrich (= Castrum). Man gelangt dann zum Kästrichtor (3). Das Tor wurde erst bei der Umgestaltung des Castrums errichtet. 1985 wurden seine Fundamente wieder freigelegt. Man kann sehr schön die rautenförmig verlegten Steinplatten und die Spurrillen der römischen Karren sehen. Der Grundriss des umgebenden Wohnkomplexes wurde in moderner Version dem Castrum nachempfunden. Bemerkenswert ist vor allem das Torhaus, das an die Porta Praetoria erinnert und von dem man einen weiten Blick auf Mainz bis hinüber in das Land des römischen Limes (Feldberg) hat. Auch die Außengestaltung des Kästrichs durch den Mainzer Landschaftsarchitekten Dieter Magnus ist römischen Impressionen (Quadrate, Rechtecke, Halbkreise), auch mit Wasserspielen, nachempfunden.
"Mit dem Fahrstuhl in die Römerzeit": so sollte man links im Tor den Fahrstuhl benutzen, der zu einem Gang führt, der noch aus römischer Zeit stammt. Fundstücke aus der Römerzeit und Informationstafeln weisen den Weg ins Freie, das man in der Emmerich-Josef-Straße wieder erreicht. Man geht geradeaus bis zum Schillerplatz mit seinen imposanten barocken Adelspalästen. Rechts am Ende des Platzes steht man vor dem Osteinerhof und geht dann an seiner linken Seite vorbei zum idyllisch gelegenen Ballplatz, wo sich links in einem Durchgang die Kopien zweier Weihealtäre eines einstigen Mithras-Heiligtums (4) aus dem 2./3. Jh. befinden (Originale im Landesmuseum). Über den Platz führt der Exkursionsweg weiter nach rechts in die Maria-Ward-Straße, die sich in der Straße Stefansberg fortsetzt. Man gelangt zur gotischen Stephanskirche (bekannt durch die Chagall-Fenster). Bei Ausgrabungen im Bereich der Kirche stieß man auf eine Therme aus dem 2. Jh.. An der Kirche geht es links in die Stefansstraße und dort geradeaus weiter. Man überquert den Eisgrubweg und wandert in geschwungenem Bogen weiter in die Straße "Am 87er Denkmal". Dort findet man links vor der Brücke einen Stein, der von einem römischen Wasserbassin (2./3. Jh.) herrührt. Man geht geradeaus weiter über den Parkplatz und am städtischen Verwaltungsgebäude entlang und kommt in der südwestlichen Ecke des Jakobsbergs, der späteren Zitadelle, zum römischen Drususstein.
Der Drususstein (auch Eichelstein genannt) (5) ist ein rundes Kenotaph, einst 19 m hoch, das errichtet wurde zur Erinnerung an den Feldherrn Drusus (38 v. Chr. - 9 n. Chr.), ebenso wie der spätere Kaiser Tiberius Stiefsohn des Kaisers Augustus. Er war Oberbefehlshaber der von Caesar eingerichteten drei

nördlichen Provinzen und der dort stationierten Legionen. Im Jahre 9. n. Chr. starb er bei einem Feldzug an der Elbe. Gegenüber der Mündung des Mains in den Rhein war der Standort des Denkmals auch ein strategisch bedeutsamer Punkt. Leider fehlen auch hier - wie bei den Pfeilern des Aquädukts - die Mantelsteine, und es ist nur noch die Kernfüllung zu sehen. In späterer Zeit diente der Drususstein als weit in die Landschaft ragender Ausguck. Man geht zurück in das Zentrum der Zitadelle und dann rechts hinab durch den gewinkelten Durchgang des Kommandantenbaus in den Zitadellenweg. Nach etwa 100 m nach rechts steht man vor den Ausgrabungen des römischen Bühnentheaters oberhalb des Südbahnhofes

Das römische Theater (6) wurde beim Bau der Eisenbahntrasse 1884 entdeckt. Damals wurden wertvolle Teile der Bühne und der Bühnenauf- und -anbauten zerstört. Erst später erkannte man den Wert dieses Gebäudes, dessen Zuschauerraum einen Durchmesser von 116,25 m hatte und dessen Bühne in der Länge 41,25 m maß. Im Jahre 2000 wurden die Ausgrabungen wieder aufgenommen. Die Mühen lohnten sich. Es kamen die Fundamente eines gewaltigen, über 12 000 Zuschauer fassenden Theaters zum Vorschein – ein imposanter Anblick ehemaliger kolossaler römischer Theaterarchitektur! Das Theater diente nicht nur dem Schauspiel und künstlerisch-choreographischen Inszenierungen, sondern auch den alljährlich stattfindenden Gedächtnisfeiern für Drusus. Die Ausgrabungen sind noch im Gange.

Durch die Unterführung am Südbahnhof gelangt man in die Neutorstraße, wo sich das Museum für Antike Schifffahrt mit den Römerschiffen (7) befindet. In einer ehemaligen Markthalle sind hier Schiffe aus dem 2. und 4. Jh. n. Chr. zu sehen, die 1981 und 1982 bei Bauarbeiten in der Löhrstraße und am Kappelhof in etwa 7,5 m Tiefe am ehemaligen Rheinufer gefunden wurden. Es handelt sich um Transportschiffe und um Kriegsschiffe mit einer Länge von bis zu 20 m und mit bis zu 26 Ruderplätzen. Nach langjährigen Konservierungsarbeiten stehen die zum Teil noch gut erhaltenen, zum Teil nur rudimentär vorhandenen sechs Schiffe im Museum. Zwei Schiffe sind in ihrer ursprünglichen Größe und Ausstattung nachgebaut worden. Die Besucher erfahren in dem gut eingerichteten Museum viel über antiken Schiffsbau, die Schifffahrt und die römische Marine, unterstützt durch Nachbildungen von Schiffsdarstellungen (z.B. auf der Trajanssäule in Rom). Auch eine Restaurierungswerkstatt ist dem Museum angegliedert, die man besuchen kann.

Man kann nun die Wanderung fortsetzen durch die Neutorstraße und die Augustinerstraße, eine ehemalige Römerstraße, in Süd-Nord Richtung bis zum Dom und von dort zum Rheinufer über die Brücke nach Mainz-Kastel, oder man geht vom Schifffahrtsmuseum durch die Dagobertstraße zum Rheinufer (Fort Malakoff). Stromabwärts trifft man auf eine Schiffsanlegestelle, von wo man aus man mit dem Schiffchen St. Nikolaus an das andere Rheinufer fahren kann (im Sommer stündlich von 9–18 Uhr). Dort – auf der Maaraue - setzt man flussabwärts die Wanderung fort und gelangt - beim Anblick der “Schokoladenseite” von Mainz am anderen Ufer – über einen Steg zur ehemaligen Bundesfestung Reduit mit dem Museum Castellum (8), in welchem sich zahlreiche Funde aus der Römerzeit Kastels befinden (geöffnet sonn- und feiertags von April bis November von 10.30 bis 12.30 Uhr, jeden 1. Donnerstag im Monat von 9-12 Uhr, n.Vereinb. T. 06134-62993 und -3420)

Von der Rheinbrücke aus sieht man die von der Gesellschaft für Heimatgeschichte Kastel initiierte Darstellung des Fundaments der römischen Rheinbrücke (9) am Rheinufer. Die Brücke stand 30 m oberhalb der jetzigen Theodor-Heuss-Brücke. Die Brücke, die etwa 700 m lang war und auf mindestens 18 Fluß-

Ausgrabung des römischen Amphitheaters in Mainz; im Hintergrund der Dom

pfeilern und mehreren Landpfeilern ruhte, wird nach den dendrologischen Untersuchungen der Eichenpfähle in das Jahr 27 n. Chr. datiert. Ein Modell der Brücke befindet sich im Landesmuseum. Auf einem in Lyon gefundenen Bleimedaillon ist die Brücke samt einer Teilansicht von Mainz und Kastel abgebildet. Das Medaillon wird auf die Zeit um 300 n. Chr. datiert. Es zeigt die Brücke mit ihrer Konstruktion und Schafe tragende Händler, die über die Brücke gehen. Darunter steht Fl Renus (Rheinfluss). Sie bildete den wichtigsten Übergang zum rechten Rheinufer, auf dem das Castellum Mattiacorum lag, aus dem später der Ort Kastel wurde.

In Kastel überquert man die belebte Straße am Kreiselende und gelangt über eine Treppe hinunter und - nach Überquerung der Rathausstraße - rechts von der Kirche in die Große Kirchenstraße. In der Straße geht man geradeaus bis zum römischen Ehrenbogen (10), dessen Fundamente unter dem Pflaster der Straße ruhen. Er wurde 1986 bei Bauarbeiten entdeckt und ist über eine Treppe zugänglich. Unten angekommen, ist man erstaunt, welche Steinmassen das Fundament des ehemals 17 m breiten und 13 m hohen Tores bilden. Der Ehrenbogen soll um 20 n. Chr. für den Feldherrn Germanicus, den Sohn des Drusus, errichtet worden sein. Zurück aus der "Unterwelt" geht man in der Straße weiter und erblickt vor dem Haus Nr. 4 links zwei römische Meilensteine (11), die man hier bei Kanalarbeiten fand. Es handelt sich um Kopien. An gleicher Stelle wurden auch die Reste der "Steinernen Straße" gefunden, die vom Kastell durch den Ehrenbogen geradewegs in den Taunus und zum Limes führte.

Nun biegt man nach rechts ab in die Zehnthofstraße und gleich wieder nach links in die Marktstraße, die zur Mainzer Straße führt. Dort trifft man auf einen freien Platz, der von der Gesellschaft der Heimatfreunde Kastel mit Motiven aus der langen Geschichte des Or-

tes angelegt wurde. Auf dem Gelände stand im 2./3. Jh. n. Chr. eine römische Therme (12). Frisches Quellwasser wurde vom 3 km nördlich liegenden Petersberg der Therme zugeführt. Ein Modell der Therme befindet sich im Museum Castellum. Eine Bronzefigur zeigt einen römischen Offizier in seiner militärischen Ausstattung. 1990 konnte Kastel seine 2000-Jahr-Feier begehen.
Durch die Mainzer Straße geht man zurück zur Rheinbrücke, die man nach Mainz überquert. Rechts ab gelangt man zum Kurfürstlichen Schloss und in die Große Bleiche. Auch hier sind zwischen Landtag und den Ministerien die Römer präsent mit den Kopien der großen Mainzer Jupitersäule (13) und des Dativius-Victor-Bogens (14). Auf dem 1962 installierten Jubiläumsbrunnen (15) findet man römische Steinbilder. Die Originale der drei historischen Objekte und viele andere Funde aus der Römerzeit befinden sich im Landesmuseum in der Großen Bleiche oder im Römisch-Germanischen Zentralmuseum im Kurfürstlichen Schloss. Die Jupitersäule wurde 1905 in der Mainzer Neustadt in der Nähe eines römischen Hafens ausgegraben. Sie stammt aus der Zeit um 60 n. Chr. und war dem Kaiser Nero zugeeignet. Sie zeigt in bester bildhauerisch-künstlerischer Qualität römische Staatsgötter, eine schnelle Quadriga mit Sol als feurigem Wagenlenker und auf einer Biga (Zweiergespann) die sanfte Luna, die mit einer Peitsche die langsamen Pferde antreibt. Der Dativius-Victor-Bogen stand als Portal im 3. Jh. als eine Stiftung des Ratsherrn Dativius Victor aus dem Römerkastell Heddernheim in der Nähe des Römerkastells auf dem Kästrich. Die Reste wurden 1899 in der Nähe des Gautors ausgegraben und rekonstruiert.
Zum Schluss der Wanderung auf römischen Spuren in Mainz lohnt sich der Besuch der Isis- und Mater-Magna-Kultstätte (16), die beim Bau der Römerpassage freigelegt wurde. Isis war eine altägyptische und Mater Magna eine orientalische Gottheit. Man biegt in der Großen Bleiche am Neubrunnenplatz links ab in die Lotharstraße und gelangt zu dem 2003 eröffneten Einkaufszentrum Römerpassage. Im Erdgeschoss findet man die Taberna archaeologica der Initiative Römisches Mainz (geöffnet Mo. bis Fr. 9.30–20.00 Uhr, Sa. 9.30–16 Uhr, So. auf Anfrage, Tel. 06131-6007493). Im Tiefgeschoss befinden sich die Überreste des Heiligtums, das bis in die Keltenzeit zurückgeht und ab dem Jahre 2000 ausgegraben wurde. Die Funde, darunter 300 Öllämpchen, Statuetten, Feigen, Datteln, Pinienkerne und Hühnerbeinchen als Weihegaben auf den Opferaltären, sind fast in situ dargestellt, mit umfangreichen Informationen zum Isis- und Mater-Magna-Kult sowie den Lebens- und Essgewohnheiten der Kelten und Römer.

1.4 Stadterkundung in Ingelheim: Kaiserpfalz und Wehrmauern (8 km)

Obwohl Kaiser und Könige hier Hof hielten und Grafen residierten, Reichstage, Synoden und mittelalterliche Turniere stattfanden, ist Ingelheim noch eine junge Stadt und Verwaltungssitz des Landkreises Mainz-Bingen. Die alten Stadtteile haben jedoch ihre historische Vergangenheit und Substanz bewahrt, wie sie in historisch relevanten Bauten zum Ausdruck kommen: Die Kaiserpfalz der Karolinger, Ottonen, Salier und Staufer in Nieder-Ingelheim (Ingelheim-Mitte), die Burgkirche und die mittelalterlichen Mauern und Tore in Ober-Ingelheim (Ingelheim-Süd) und die dörflichen Strukturen von Frei-Weinheim (Ingelheim-Nord), unmittelbar am Rhein gelegen, dem ehemaligen Vorwerk Sporkenheim im Westen und Groß-Winternheim im Süden. Wenn auch etliche Wohn- und Gewerbegebiete dazu gekommen sind und ein Pharmakonzern sich ausgebreitet hat, so sind die prägenden Merkmale der "fünf Ingelheim" geblieben. Auf historischen Spuren lernen wir bei der Stadterkundung Nieder- und Ober-Ingelheim kennen.

Ausgangspunkt
Ingelheim-Mitte, François-Lachenal-Platz (Altes Rathaus).
Karten Stadtplan Ingelheim. Faltblätter: "Die Kaiserpfalz zu Ingelheim am Rhein"; "Stadtmauerrundgang Oberingelheim", hrsg. von Pro Ingelheim e.V., zu erhalten bei der Stadtinformation Ingelheim, Neuer Markt 1, 55218 Ingelheim, Tel. 06132-782216. Internet: www.ingelheim.de, ebenso: Besucherzentrum Kaiserpfalz Ingelheim, Pavillon am Alten Rathaus Nieder-Ingelheim, Tel: 06132-714701, Fax -07: Dienstag bis Freitag 10-16 Uhr, Samstag, Sonntag 11-16 Uhr, Montag geschlossen.

Anfahrt A 60 aus Richtung Mainz bzw. Bingen, Koblenz. Ausfahrt Ingelheim-Ost, in Ingelheim der Beschilderung folgen.

Beschreibung der Wanderung/Rundgänge
Ausgangspunkt ist der François-Lachenal-Platz in Nieder-Ingelheim vor dem Alten Rathaus, einem ausgewogenen Kalksandsteinbau aus dem Ende des 19. Jhs. mit einem Balkon über der Eingangstür und einem Uhrentürmchen auf dem Dach. François Lachenal war der Begründer und Gestalter der weithin bekannten Ingelheimer "Internationalen Tage" und Ehrenbürger der Stadt. Das Alte Rathaus ist heute Ausstellungsgebäude. Schräg gegenüber steht das "Museum bei der Kaiserpfalz", dessen Exponate aus der frühgeschichtlichen, römischen und vor allem karolingischen Zeit (aber auch bis zur Gegenwart) den Rundgang lebendig machen (ge-

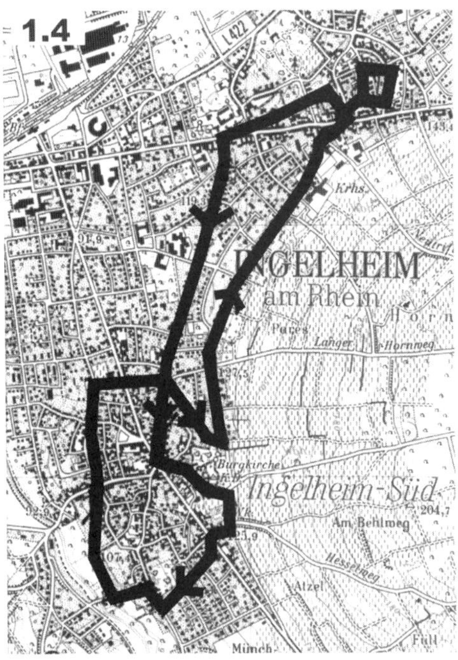

öffnet samstags von 14-17 Uhr, sonntags von 11-17 Uhr, Tel. 06132-798258 oder 1374).

Am Anfang der Natalie-von-Harder-Straße ist rechts ein kleines Plätzchen, auf dem sich eine Informationstafel mit Angaben zum Rundgang durch die Kaiserpfalz befindet. Ebenso gibt es an allen Punkten des Rundgangs Informationsschilder. Folgende Schwerpunkte sind für den Rundgang zu empfehlen:

* In der Karolinger Straße durch ein Tor (tagsüber geöffnet) die Apsis der Aula Regia (Königssaal) von außen. Unter einem Schutzbau ist eine seltene Warmluftheizung aus dem 12./13. Jh. zu sehen, die man bei den jüngsten Ausgrabungen gefunden hat. Die Wehrmauer ist durch eine Wendeltreppe zugänglich. Oben hat man eine Einsicht in die Aula Regia und eine Aussicht auf die Umgebung von Ingelheim bis zum Rheingau und zu den Taunushöhen. (geöffnet täglich bis 16 Uhr)

* Zurück und nach links um die angrenzenden Häuser herum gehend gelangt man durch ein zweites Tor in das Innere der Aula Regia. Die Mauerreste aus der karolingischen und staufischen Zeit, die seit 1998 freigelegt und ergänzt wurden, vermitteln einen Eindruck von der ehemaligen Größe und Bedeutung des Bauwerks von 40,2 m Länge und 16,5 m Breite. In der Apsis stand ehedem der Thron des Monarchen. Hier wurden die Reichsangelegenheiten behandelt und Empfänge veranstaltet. Informationstafeln geben Auskünfte über die Geschichte der Aula und die Fundstücke, z. B. eine Goldmünze (Solidus) mit dem eingeprägten Bild Kaiser Karls. Im Mittelalter war die Aula Teil eines Augustinerklosters.

* Ebenfalls in der Karolingerstraße ist der Eingang zur romanischen Saalkirche aus dem 11./12. Jh.. Ihre Apsis im Osten zeigt Friese und bemerkenswerte Tierfiguren, u.a. einen Löwen, der ein Schaf reißt. Der südliche Kirchturm ist neuromanisch. Im Inneren der Kirche beeindrucken die klaren Linien der romanischen Architektur.

* Das sog. Karlsbad in der Karlstraße nördlich der Kirche wurde 1910 gesichert. Es ist eine quadratische romanische Brunnenstube, die mit Grundwasser gefüllt ist. Zum Wasser führt eine Treppe hinab.

* Das Heidesheimer Tor zwischen Zanggasse und der Straße “Auf dem Graben” war wohl das Haupttor der Pfalz in Richtung Heidesheim und Mainz. Die Ausgrabungen und Restaurierungen sind (2003) noch nicht beendet, doch zeichnen sich ein Tor, ein Halbrund und zwei runde Flankierungstürme ab, ebenso Mauerreste der Stauferzeit.

* Im südlichen Teil der Pfalz trifft man im Bereich der Straße “Zuckerberg” (Zucker = Zacher = höchster Punkt) auf Reste der staufischen Wehrmauer und den Bolander, einen starken Rundturm an der Südwestecke der Befestigungsanlagen. Die Mauer ist an vielen Stellen zugebaut und viele Steine kann man als Spolien in den Hauswänden der umgebenden Gebäude sehen.

Einen guten Eindruck, wie die Kaiserpfalz einst ausgesehen haben mag, vermittelt die “Cosmographia” von Sebastian Münster, allerdings aus dem 15. Jh.. Ein Modell steht im Museum, und an der Wand eines Hauses in der Straße Im Saal gibt es ein idealisierendes Sgraffito zu sehen, desgleichen eine Darstellung Karls des Großen nach der bekannten Reiterstatuette.

Die Erkundungstour führt wieder aus der Pfalz heraus, dann rechts kurz in die Natalie-von-Harder-Straße, dann links in die neu angelegte Ottonenstraße. Bei den Grabungen stieß man hier auf eine frühmittelalterliche Straße, die als Prozessionsstraße von der Kaiserpfalz zur Remigiuskirche gedeutet wird. Bald erreicht man diese mit ihrem hohen romanischen Turm. Ihr Vorgängerbau soll die erste

Reste der Aula regia in Ingelheim

Palastkirche gewesen sein, denn in der Pfalz konnte man für die Zeit Karls des Großen, Ludwig des Frommen und der ottonischen Kaiser bisher noch keinen Kirchenbau ausmachen.

Vor der Kirche steht an der Straße ein Denkmal für Sebastian Münster (1488-1552), geboren in Ingelheim. Er war berühmt als Theologe und Humanist. Er übersetzte die Bibel ins Hebräische und fertigte die weltberühmte "Cosmographia – Das ist: Die Beschreibung der gantzen Welt" (Basel 1544) an. Zuletzt war er Rektor der Universität in Basel, wo er auch an der Pest starb. Der Mainzer Künstler Karlheinz Oswald schuf zur 500-Jahr-Feier das Denkmal, das Münster in Renaissance-Kleidung zeigt. Die Grundplatte gibt den geographischen Längen- und Breitengrad von Ingelheim an. Im Hintergrund sind zwei Tafeln von Oswald zu sehen, die die Kaiserpfalz (s.o.), die Steig in Richtung Mainz und die Firma Boehringer darstellen.

Gegenüber führt die Erkundungstour in die Grundstraße, die Verbindungsstraße zwischen Nieder-Ingelheim und Ober-Ingelheim. Auf dem Weg sieht man an drei Häusern Erker mit sehr schönen Jugendstilfenstern. Am Hornweg betritt man den alten Stadtbezirk von Ober-Ingelheim. Geradeaus durch die schmale "Rinderbach" erreicht man den Marktplatz mit dem ehemaligen Rathaus von 1827 im klassizistischen Stil. Man biegt nach links ab in die Straße "An der Burgkirche", in der Häuser aus der Barock- und aus der Renaissancezeit stehen. Durch das Tor des inneren Mauerrings betritt man den Platz vor der Burgkirche. Dort steht eine Informationstafel, die in Kurzform die Geschichte von Ober-Ingelheim und den Ortsrundgang des Historischen Vereins mit 18 Stationen beschreibt. Ein weiterer Stadtrundgang mit 17 Stationen ist von dem Verein Pro Ingelheim ausgewiesen worden. Folgende Stationen sollen bei unserem Rundgang Berücksichtigung finden:

* Die Burgkirche (ehemals St. Wigbert) ist mit ihrer zum Teil doppelten Wehrmauer (Wehrkirche) einzigartig. Der Turm mit fünf Geschossen ist romanisch, das Schiff und der Chor in unterschiedlichen Höhen gotisch. Die Fenstergiebel sind in abwechslungsreichen Fischblasenmustern und Kreisen gestaltet. Im Inneren der Kirche beeindruckt das Netzgewölbe mit fein gearbeiteten Schlusssteinen. Die Grabsteine an den Wänden deuten an, dass die Kirche einst Grablege verschiedener Oberingelheimer Adelsgeschlechter war (z.B. Philipp von Ingelheim, gest. 1431, Hans von Ingelheim gest. 1480, Wilhelm von Ockenheim, gest. 1465, Ima von Werberg zu Lindenfels, gest. 1442, Grabdenkmal der Familie Horneck von Weinheim, 1578). Die Orgel stammt in ihren Anfängen aus dem Jahre 1755 und wurde in den berühmten Orgelwerkstätten von Johann Heinrich und Johann Philipp Stumm in Rhaunen-Sulzbach (Hunsrück) gebaut. Sie wurde später mehrmals modernisiert, behielt aber ihren barocken Klang bei.

* Neben der Kirche ist der alte Friedhof ein seltenes Kulturdenkmal mit Grabsteinen verschiedener Epochen. Hier liegt auch Dr. Martin Mohr (1788-1865) begraben. Er war Wortführer der demokratischen "Donnersberg-fraktion" 1848/49 in der Frankfurter Nationalversammlung und später Präsident des hessischen Landtags.

* Die ältesten Wehrgänge (13./14. Jh.) sind um die Burgkirche gruppiert. Sie sind bis zu 8 m hoch und mit Zinnen bekrönt. Sie sollten in Kriegszeiten den Bewohnern letzte Zuflucht bieten. In der Südwest-Ecke steht mit 19 m Höhe der größte Turm, der Malakoff-Turm. Zu diesem Namen kam er erst 1856 zur Erinnerung an die Eroberung der Festung Malakoff bei Sewastopol im Krimkrieg. Auch in Mainz gibt es diesen Namen als "Fort Malakoff". Der Turm und ein Teil der Wehrmauer kann besichtigt und begangen werden. (Schlüssel in der Schlosserei Maul, Grabengasse 1, für die Kirche siehe Aushang).

* Durch den Torbogen beim Turm verlässt man den inneren Wehrmauerbezirk und gelangt zum freien Festplatz im Osten vor der Kirche und der Mauer. Auf dem Festplatz, ehedem auch Turnplatz, findet seit langem in der letzten Septemberwoche das Ingelheimer Rotweinfest statt. Rechts geht man in die Bürgermeister-Bauer-Straße und nach einigen Metern nach rechts in den Hesselweg. Überrascht steht man vor einem Tor der Wehrmauer, dem sog. Uffhubtor (14. Jh.), dessen Namen nicht geklärt ist (Uffhub = Aufhub, gemeint ist eine Zehntscheune, wo die Naturalabgaben "aufgehoben" wurden). Es ist restauriert und mit Schießscharten, Ausguck und einer Pechnase ausgestattet. Der schmale, mit einheimischen Steinen gepflasterte Weg, der sich durch den gotischen Torbogen windet und die Pforte selbst fügen sich sehr harmonisch in die umgebende Landschaft ein.

* Geht man den Hesselweg hinunter und biegt nach links in den Neuweg ein, gelangt man nach 50 m zu einem runden Vorlageturm mit Spitzhaube (Steinkegeldach); er wurde privat restauriert und wohnlich eingerichtet. Heute steht er mitten in der Burgunderstraße, die an der Südseite der Stadtmauer entlang führt. Man trifft in ihr noch auf einen weiteren Rundturm gleichen Typs und auf ein Stück der Wehrmauer. Dann folgt die Stiegelpforte, von der rechts und links zwei rudimentäre Rundtürme erhalten sind.

* Durch die Pforte geht man wieder in den inneren Bezirk von Ober-Ingelheim, dann nach links durch die Edelgasse hinunter zum Ohrenbrücker Tor, das 1381 erstmals erwähnt wurde. Es imponiert ebenfalls durch seine Lage und sein Mauerwerk.
Der Name des Turmes soll von der sogenannten "Oberen Brücke" über die in unmittelbarer Nähe vorbeifließende Selz herrühren.

* Man geht wieder etwa 10 m zurück und biegt nach links vor einer Mauer auf einen schmalen Weg. Hier an der Westseite von Ober-Ingelheim gab es im Mittelalter keine Wehrmauer, denn das Gelände war damals durch mehrere kleine Wasserläufe (heute verrohrt) derart sumpfig, dass es keiner Schutzmauer bedurfte. Nach etwa 400 m gelangt man zur Altegasse. Diese geht man rechts aufwärts bis zum Unteren Zwerchweg, wo man nach links einbiegt. Hier findet sich wieder ein Stück der Wehrmauer. Ein Stück weiter im Unteren Zwerchweg begegnet man wieder einem schön restaurierten Rundturm mit Kegeldach. An der Breitbachstraße biegt man nach rechts ein und läuft aufwärts zur Bahnhofstraße, überquert diese und gelangt auf einem Fußweg zur Rinderbach, einer engen Straße, wo einst ein Tor der mittelalterlichen Wehrmauer stand.

* Vor dem turmähnlichen Gebäude geht man links in einen schmalen Weg, der vor einem langen und restaurierten Stück der Wehrmauer entlang führt. Vor der Mauer fließt ein Bach, und das ganze Areal mutet an wie ein romantischer Park. Der Weg wird hier Seufzer-, Liebes- oder Verlobungspfad genannt. Über die Herkunft der Namen gibt es unterschiedliche Deutungen. Am Ende des Pfades erreicht man wieder den Festplatz mit dem eindrucksvollen Anblick der Burgkirche und der hier besonders imposanten Wehrmauer. Es gibt nun mehrere Möglichkeiten, den Rundgang zu beenden: 1. Oberhalb des Festplatzes nach links durch den Gehauweg, am Friedhof vorbei und durch die Rotweinstraße, Turnerstraße und Mainzer Straße zurück zur Kaiserpfalz (ca. 2 km) oder 2. Um die Burgkirche herum hinunter zum Marktplatz von Ober-Ingelheim und von dort (mit dem Bus) durch die Bahnhofstraße zum Bahnhof (ca. 2 km).

2.1 Der Pilgerweg im Wonnegau von Worms nach Dittelsheim (ca. 14 km) (und weiter nach Alzey)

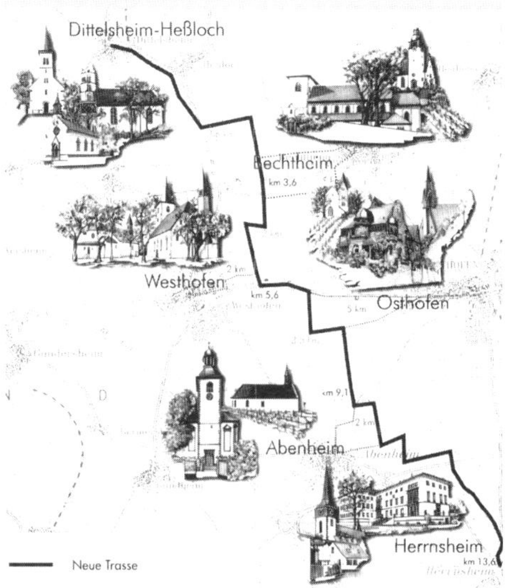

Der wieder entdeckte und neu ausgewiesene Pilgerweg ist einer Initiative des Christlichen Jugenddorfwerkes Deutschland (CJD) in Bad Sobernheim und dessen Projekt "Wiederentdeckung der Jakobspilgerwege" zu verdanken. Das Projekt wurde unterstützt von der Rheinhessen-Information in Ingelheim. Aber auch Heimatkundler der Arbeitsgemeinschaft Dittelsheim-Heßlocher Geschichte haben Forschungen zum Verlauf und zur Bedeutung des Pilgerweges geliefert. Die Gemeinden am Pilgerweg, Herrnsheim, Abenheim, Osthofen, Westhofen, Bechtheim und Dittelsheim-Heßloch haben ideell und finanziell zu dem Projekt beigetragen. Das betrifft vor allem die Markierungen und die übersichtliche Gestaltung der Informationstafeln am Wege. Für die Mitarbeiterinnen und Mitarbeiter des CJD ist der Jakobs-Pilgerweg ein soziales und pädagogisches Beschäftigungs- und Qualifizierungsprojekt.

Der Heimatforscher Georg Wendel aus Monzernheim hat den Pilgerpfad 1953 wie folgt beschrieben: "Der Pilgerpfad ist ein uralter Weg, der von Worms quer durch Rheinhessen nach Bingen führte. Er zog auf seiner ganzen Länge durch keinen einzigen Ort, sondern immer nur auf dem kürzesten Weg durch die Gemarkungen. ... Einstens war dieser Pfad sehr bevölkert. Er wurde von den niederrheinischen Pilgern benutzt, welche die im Mittelalter hochberühmte Marienwallfahrt in Worms besuchten. Alle sieben Jahre aber pilgerten infolge eines Gelöbnisses ihrer Ahnen ganze Scharen frommer Beter aus Kärnten, Steiermark und Ungarn auf diesem Pilgerwege zu der großen Heiligtumswallfahrt nach Aachen. Aber auch Kaufleute, die Schiffer und Flößer benutzten den Pilgerpfad."

Es gibt Bezeichnungen von Weinbergen und Bauten, die mit den Pilgern zu tun haben und bis heute noch bestehen, z. B. Am Pilgerpfad, Pilgerwiese, Pilgerbrunnen, Jakobsquelle, Pilgerbrücke, (Pilger)Hospitalhof.

Die moderne Flurbereinigung hat in den vergangenen Jahrzehnten den Pilgerpfad vernichtet. Das CJD hat in möglichst engem Anschluss den "neuen" Jakobs-Pilgerpfad bearbeitet und den Weg den neuen Gemarkungsstrukturen angepasst (siehe Karte).

Ausgangspunkt

Worms-Herrnsheim, Schlosspark Nordseite

Karten TK 1:50 000 Wander- und Radwanderkarte "Mainz und Rheinhessen";
TK 1:25 000 Blatt 6315 Worms-Pfeddersheim,
TK 1:25 000 Blatt 6215 Gau-Odernheim;
Broschüre mit Karte: Jakobs-Pilgerpfad in Rheinhessen (Rheinhessen-Information, Wilhelm-Leuschner-Str. 44, 55 218 Ingelheim, Tel. 06132-44170, Fax: 441744, www.rheinhessen-info.de).

Anfahrt Mit Pkw: B 9 Mainz-Worms, A 61 Abfahrt Worms-Mörstadt, Abfahrt Parkplatz Schlosspark Herrnsheim; ÖPNV Bahnhof Worms, Bus 3 bis Herrnsheimer Park. Mit dem Fahrrad: Auf der Trasse der ehemaligen Bahnlinie von Worms nach Herrnsheim. – Rückfahrt von Dittelsheim ÖPNV Linie 435 nach Worms oder Weiterfahrt nach Alzey.

Wanderstrecke (ca. 14 km): Worms-Herrnsheim - Dittelsheim-Heßloch (Alter Bahnhof, bzw. Ev. Kirche - Heidenturm).

Beschreibung des Wanderweges

Die Pilgerwanderung beginnt am Schloss in Worms-Herrnsheim. Das Schloss gehörte viele Jahrhunderte den Kämmerern von Worms, genannt Dalberg, die auch im Mainzer Domkapitel vertreten waren. Philipp von Dalberg ließ 1460 eine Wasserburg anlegen; daraus entstand ein Schloss, das im Pfälzischen Erbfolgekrieg eingeäschert wurde. Wieder aufgebaut, wurde es 1792 geplündert und in Brand gesetzt. Zu Beginn des 19. Jhs. wurde es im klassizistischen Stil vollkommen neu gestaltet und 1883 an Cornelius Freiherr von Heyl verkauft. 1957 erwarb es die Stadt Worms. 1981/82 wurde das Gebäude total renoviert und gilt als das schönste Schloss seiner Art im Lande.

Man geht durch den Park des Schlosses, der im englischen Landschaftsstil von Friedrich Ludwig von Sckell gestaltet wurde. An der Nordseite verlässt man den Park durch eine Pendeltür. Dort steht der erste Hinweis auf den Jakobs-Pilgerpfad mit Informationstafel und dem Wegzeichen, der goldenen Jakobsmuschel auf blauem Grund im Europa-Sternenkreis. Diesem Zeichen, begleitet von vielen Informationstafeln, folgt man bis nach Dittelsheim-Heßloch. Zunächst geht es links über die stark befahrene Straße (Vorsicht!) in einen Feldweg hinein. Zur linken Seite hat ein Hobbykünstler Wormser Motive in Stein nachempfunden. Dann in den nächsten Weg nach rechts, der an einer Böschung entlang führt. Darüber ist ein kleines Kapellchen zu sehen.

Die Kirche von Dittelsheim am Jakobs-Pilgerweg

Vor den Augen breitet sich die Landschaft anmutig aus, bis der Weg dann rechts abbiegt, den Radweg (ehemaliger Bahndamm) überquert und durch die Felder zieht. Mitunter ist bei Nässe der Weg rutschig. Dann führt er über die Schnellstraße und nach ca. 300 m links in die Weinberge. Auf dem zweiten Weg rechts geht es leicht bergauf. Die Wegweisung ist recht gut, so dass eine weitere ausführliche Beschreibung nicht erforderlich ist. Er führt dann vorwiegend in Weinberge durch die Gemarkungen von Abenheim, Osthofen, folgt links ein wenig der Straße Osthofen-Westhofen, dann rechts hinauf in die Gemarkungen von Bechtheim, wo er die Straße Bechtheim-Monzernheim überquert und zum "Galgengrund" führt. Oberhalb wird die Straße Westhofen–Heßloch auf dem höchsten Punkt überschritten, und links der Straße schwingt sich der alte Pilgerweg zum ehemaligen Bahnhof von Dittelsheim-Heßloch. Dort erreicht man die Ortsstraße, die links zur markanten Kirche von Dittelsheim führt.

Der Pilgerpfad geht durch keine Ortschaft und nur den Gemarkungsgrenzen entlang. Vielleicht fürchteten die Dorfbewohner sich vor fremden Leuten und auch vor ansteckenden Krankheiten. Man kann vom Pilgerpfad aber Abstecher machen, z. B. zur Abenheimer Klausenbergkapelle, die auf der Höhe mitten in den Weinbergen liegt. Sie war einst eine Klause. Die jetzige Kirche ist spätgotisch, davor eine Kreuzigungsgruppe aus dem Jahre 1809. Auch die Aussicht lohnt sich. Osthofen hat eine Bergkirche, die ins 11. Jh. zurückgeht, mit frühen Wandmalereien (Christus, Apostel, Katharinenlegende) und einer Stumm-Orgel. Im Ortskern trifft man auf Gehöfte des 16.-18. Jhs. mit schönen Torbögen. Brunnengäßchen. Westhofen hat einen baumbestandenen ovalen Marktplatz (ehemals Friedhof) mit zwei Kirchen aus dem 14. und 18./19. Jh.. Idyllisch ist die Seebachquelle mit ihrem klaren Wasser und einer alten Waschanlage, romantisch die gotische Ruine der Liebfrauenkirche. Es gibt viele alte

Winzerhöfe. In Bechtheim ist eine dreischiffige frühromanisch-spätottonische Pfeilerbasilika mit einer seltenen Stollenkrypta unter dem Chor zu sehen. Lambertus, Bischof von Lüttich, ist der Schutz- und Wallfahrtspatron. Der Ort gehörte im Mittelalter zu Lüttich. Wandmalereien stammen aus der Zeit um 1400. Heßloch hat eine kath. Jakobuskirche aus dem Anfang des 19. Jhs., und an der Straße nach Westhofen lag das alte Pilgerhospiz und -hospital, gestiftet von den Dalbergern (jetzt die Grundmauern für ein Weingut). Aus der Heßlocher Hospitalordnung von 1699: "Einem jeden Armen, wenn er Almosen um Gottes Willen begehrt, gibt man ein gutes Stück Brot und weist ihn damit ab. Wenn aber ein Armer am Abend kommt und Unterkunft begehrt, soll man ihn beherbergen. Er erhält ein gutes Stück Brot und Suppe dazu und zwar im Sommer wie im Winter. Wenn aber ein Armer gegen Abend ohne etwas zu haben ankommt und wegen Krankheit nicht mehr weiter kann, so soll man ihn behalten, bis er wieder marschfähig ist...". Der Spitalfonds existiert heute noch. In Dittelsheim ist es die evangelische Pfarrkirche (ehem. Allerheiligen), die mit ihrem viereck-achteckigen romanischen Chorturm (sog. Heidenturm) mit 16fach gefalteter Spitze im Wonnegau einen besonderen Akzent setzt. Die Turmbauweise (wie in Guntersblum, Alsheim und bei St. Paul in Worms) soll an orientalische Türme von der Zeit der Kreuzzüge angelehnt sein. Der ehemalige Friedhof rund um die Kirche besitzt ein Spitzbogentor mit Totenleuchte aus dem 16. Jh.. Hier endet vorläufig der Pilgerpfad. Rückfahrt nach Worms mit ÖPNV-Bus (während der Woche zumeist stündlich, eingeschränkt an Samstagen und Sonntagen).

Wer gut zu Fuß ist, kann auch weiter wandern, z. B. nach Alzey (ca. 12 km)(Anschluss an die Bahn nach Mainz oder Worms). Man wandert von Dittelsheim auf dem Weinlehrpfad hinauf zum Kloppberg mit Restaurant und Aussichtsturm (Rheinhessenblick!), dann nach rechts weiter zum Hornberg mit einem Steinlabyrinth und Skulpturen (schöne Fernsicht) und beim Rauschen der Windräder auf dem Wormser Weg hinunter nach Framersheim. Am Ortsende trifft man auf den Selztal-Rad- und Wanderweg, der entlang der Selz zur Kreisstadt Alzey führt.

Wer statt zu laufen mit dem Rad fahren möchte, dem sei folgende Radtour auf wenig befahrenen Landstraßen empfohlen (22 km): Vom Wormser Hauptbahnhof links durch die Parkanlage zur Gaustraße und nach links durch die Bahnunterführung hindurch nach Worms-Neuhausen (2 km). Dort biegt man rechts in die Schäferstraße ein. Diese führt zum Rad- und Wanderweg auf der ehemaligen Bahntrasse nach Worms-Herrnsheim (3 km). Nach der Ortsbesichtigung Weiterfahrt auf dem Bahndamm mit Wegweiser "Radweg nach Abenheim" nach Worms-Abenheim (4 km). In der Ortsmitte schlägt man rechts die Straße in Richtung Osthofen ein, zunächst aufwärts zur Klausenbergkapelle (1 km) und dann weiter nach Osthofen (3 km). In der Ortsmitte nimmt man links die K 42, die über den Berg nach Bechtheim (3 km) führt. In Bechtheim folgt man weiter der K 42, wiederum leicht ansteigend, nach Heßloch (4 km) und von dort nach Dittelsheim (1 km). Man kann auch auf ruhiger Landstraße über eine leichte Anhöhe weiter radeln nach Framersheim (5 km), wo man nach der Ortsdurchfahrt an der Selzbrücke links auf den Selztalradweg gelangt. Jetzt geht die Fahrt entlang der Selz nach Alzey (6 km).

2.2 Drei Wallfahrtswege auf den Rochusberg

Der Rochusberg (217 m) bei Bingen ist ein markanter Berg, der geologisch eigentlich nicht zum Rheinhessischen Tafel- und Hügelland gehört, sondern zum Rheinischen Schiefergebirge (Hunsrück). Der Rhein floss früher südlich vom Rochusberg und auch die Nahe hatte ein anderes Bett. Die kulturgeographische Lage ist sowohl durch die Wallfahrtskapelle und das Kempter Eck im Osten als auch durch den Kaiser-Friedrich-Turm auf dem Scharlachkopf im Westen sowie durch den Ausblick auf das Rheintal ("Binger Loch" im Westen und "Insel-Rhein" im Osten), den Rheingau und die Taunushöhen, auf das Rheinhessische Tafel- und Hügelland und in das Nahetal ein besonderer Topos. Touristisch ist das ganze Areal als "Höhenpark Rochusberg" ausgewiesen.
Der Berg ist aber auch kulturhistorisch von Interesse. Seit dem Mittelalter gibt es auf dem "Hesselberg", dem späteren Rochusberg, eine Kapelle, die zurückkehrende Kreuzritter als "Bethlehem-Kapelle" gestiftet hatten. Als 1666 die Pest in den Binger Landen wütete, wurde auf dem Berg die erste Kapelle zu Ehren von Sankt Rochus, dem Patron der Pestkranken, erbaut. Mehrmals zerstört, zuletzt in den Wirren der Revolutionskriege und nach einer Typhus-Epidemie, wurde die Kapelle 1814 wieder aufgebaut und mit einer feierlichen Prozession eröffnet. Die jetzige reich verzierte, neugotische Kapelle wurde nach einem Brand in den Jahren 1893-1895 erbaut. Jährlich ziehen während der Wallfahrtswoche um den 16. August die Prozessionen auf den Rochusberg.
Drei Wallfahrtswege und natürlich auch Wanderwege führen heute den Berg hinauf. In diesem Buch wird jeder Wallfahrtsweg als Rundweg dargestellt, so dass nicht auf demselben Weg zurückgekehrt wird.

1. Von Bingen zum Rochusberg und über Kempten am Rheinufer entlang zurück nach Bingen (8 km)

Ausgangspunkt
Bahnhof Bingen Stadt.
Karten TK 1:50 000 Wander- und Radwanderkarte "Mainz und Rheinhessen";
TK 1:25 000 Blatt 6013 Bingen am Rhein, auch bei der Tourist-Information Bingen, Am Rheinkai 21, Tel.06721-184-205/206, Internet: www.bingen.de.
Anfahrt ÖPNV: Bahn von Mainz und Koblenz; mit dem Auto A 60 bzw. B 9, Parkplätze in Bahnhofsnähe.
Wanderstrecke (8 km): Bingen, Stadtmitte – Rochuskapelle (3 km) – Kempten (2 km) – Rheinufer (1 km) – Bingen Stadtmitte (2 km).

Beschreibung des Wanderweges
Von der Innenstadt geht man den jahrhundertealten Prozessionsweg, zunächst durch die Rochusstraße und am Bürgerpark (alter Friedhof) vorbei, dann in der Rochusallee, auf den Berg hinauf. Neben der Straße verläuft stellenweise der eigentliche Prozessionsweg mit Bildstöcken. Der Ausblick auf die Rheinlandschaft macht den Weg besonders abwechslungsreich. Bei dem kleinen Kapellchen erreicht man den Wald, der große Teile des Berges bedeckt. Nun sind es nur noch wenige Schritte, bis man die Kammhöhe des Rochusberges erreicht hat. Dort steht das Hildegardiskloster der Kreuzschwestern. Man geht links in den Kastanienweg, der mit Bäumen alleeartig angelegt ist, und kommt zunächst zum Hildegard-Forum. 1998, zum 900. Geburtstag der großen Mystikerin, Medizinerin und Naturforscherin Hildegard von Bingen (1098-1179), wurde es in ökologischer Rundbauweise errichtet. Auch die Gastronomie ist hier naturnah ausgerichtet, und ein Kräutergärtlein enthält die Heilpflanzen, die Hildegard

Wanderungen

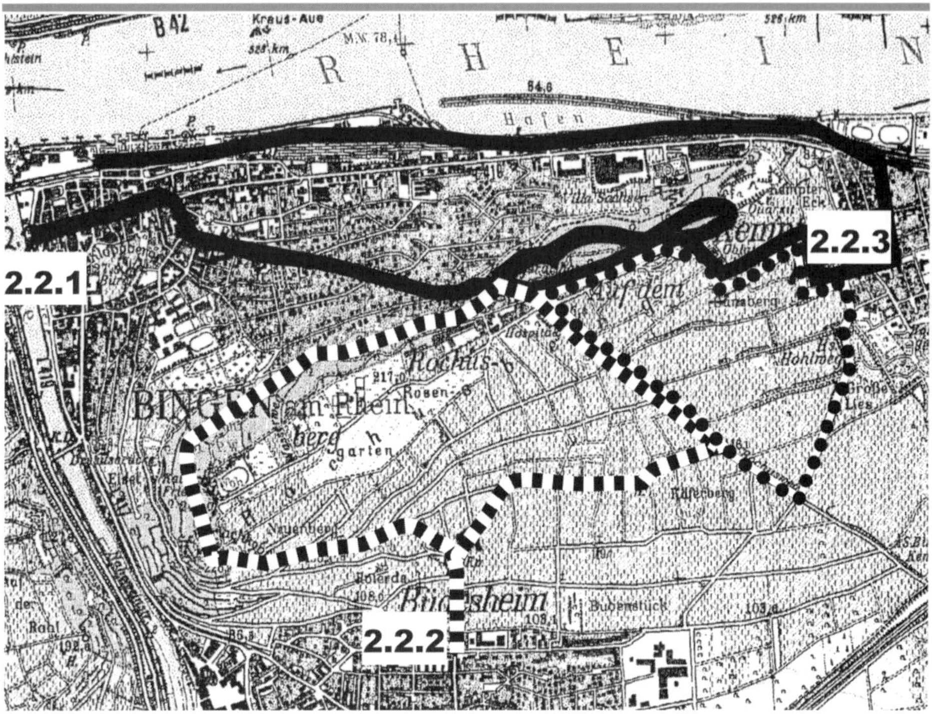

beschrieben hat. Dazu gesellt sich eine kleine Streuobstwiese.

Weiter über den Kastanienweg bzw. Rochusweg gelangt man schließlich zur <u>Rochuskapelle</u>. Sie entfaltet sich im Äußeren wie im Inneren in ihren neugotischen Formen. Die Kirche ist zu Gottesdienstzeiten geöffnet, und außerhalb derselben kann man das Innere bis zum schmiedeeisernen Gitter betreten und mittels eines Schalters die Altäre beleuchten (Rochus-, Marien- und Hildegardisaltar).

Prominenter Besucher des Rochusberges war Goethe, der im August 1814 mit Bergrat Cramer und Zelter auf den Rochusberg kam. Sie wählten den Weg von Rüdesheim mit dem Nachen über den Rhein und stiegen direkt nach der Landung den steilen Zick-Zack-Weg hinauf. Der Weg musste später einem Steinbruch weichen. Oben angekommen, beschreibt er die Prozession: “Eine große Bewegung aber verkündet: nun komme die Hauptprozession von Bingen herauf. Man eilt den Hügelrücken hin, ihr entgegen. ... Alles drängt sich nun gegen die Kapelle und strebte zu derselben hinein. Wir, durch die Wogen seitwärts geschoben, verweilten im Freien, um an der Rückseite des Hügels der weiten Aussicht zu genießen, die sich in das Tal eröffnet”. Er lauschte der Predigt im Freien und schrieb: “Wir Zuhörenden schauten indes zu dem reinen Gewölbe des Himmels hinauf; das klarste Blau war von leicht hinschwebenden Wolken belebt ... . Kein Prediger, vor mehreren tausend Zuhörern sprechend, sah je eine so reiche Landschaft über ihren Häuptern” (Goethe in: Sankt Rochus-Fest zu Bingen). Goethe kam wenig später wieder auf den Rochusberg, diesmal in der Kutsche. Er war so begeistert von den Menschen und der Landschaft, dass er bei Louise Seidler ein Bild

in Auftrag gab, das den hl. Rochus mit Hündchen und spielenden Kindern darstellt. Einst in der Kapelle aufgehängt, befindet es sich heute gesichert im Oblatenkloster (ca. 200 m unterhalb).
Gegenüber dem Portal der Kirche befindet sich eine Aussichtsplattform, von wo aus man eine herrliche Aussicht auf die Weinberge, das Rheinhessische Tafel- und Hügelland und die Porphyrberge bei Bad Kreuznach bis hin zum Donnersberg (687 m) in der Pfalz genießen kann. Unter der Plattform befindet sich eine kleine Kapelle. An der östlichen Seite der Rochuskapelle steht der überdachte Wallfahrtsaltar mit einer Kreuzigungsgruppe, die in Anlehnung an die von Hans Backoffen († 1519) entstand. Auf dem parkähnlichen Bergrücken unternimmt man einen Rundgang mit sehr schönen Ausblicken auf die reizvolle Umgebung.
Zurück zur Kapelle, schlägt man links den Weg abwärts ein, der zum Kloster führt. Vor dem Haus biegt man rechts in den asphaltierten Weinbergsweg ein, der in drei Kurven hinunter nach Bingen-Kempten führt, das man beim Friedhof und der Kirche erreicht. Durch die Kirchstraße geht man hinunter bis zur Bornstraße, in die man links einbiegt, um geradeaus durch den Ort zu gehen. Man stößt auf die Mainzer Straße, der man kurz nach rechts folgt bis zur Fußgängerampel. Dort überquert man die Straße und nimmt auf der anderen Seite die Unterführung unter der Bahn, um auf den Weg bei den Sportplätzen zu gelangen. Links am Bahndamm entlang, kommt man zum Binger Hafen und weiter - an der Fähre nach Rüdesheim vorbei - in die Rheinallee von Bingen.
In Bingen empfiehlt sich ein Rundgang durch die Altstadt mit der gotischen St.-Martins-Basilika, deren Vorgängerin bereits 793 erwähnt wurde und auf den Fundamenten eines römischen Tempels steht, und der Burg Klopp mit Aussichtsturm und Heimatmuseum. Aber auch ein Besuch des "Museums am Strom" in einem ehemaligen Wasserwerk lohnt sich. Schwerpunkte des Museums sind die Ausstellungen über Hildegard von Bingen, das 67teilige Binger Ärztebesteck aus dem 2. Jh. n. Chr. und die Rheinromantik (Öffnung täglich außer montags 10-17 Uhr).

2.
Von Bingen-Büdesheim zur Rochuskapelle und zum Scharlachkopf (7,5 km)

Ausgangspunkt
Bingen-Büdesheim, Kreuzung Berliner Straße-Osterbergstraße.
Karten TK 1:50 000 Wander- und Radwanderkarte "Mainz und Rheinhessen";
TK 1:25 000 Blatt 6013 Bingen am Rhein.
Anfahrt A 60, B 9, Ausfahrt Bingen-Büdesheim, Kreisel, Schild Fachhochschule (Schultheis-Kollei-Straße – rechts Saarlandstraße, links Berliner Straße).
Wanderstrecke (7,5 km): Osterbergstraße – Stefan-George-Weg – Hildegardforum (2,5 km) Rochuskapelle (0,4 km) – Kempter Eck (0,3 km) – Goetheblick - Waldlehrpfad – Scharlachbergkopf, Kaiser-Friedrich-Turm (2 km) – Bingen-Büdesheim (1,5 km).

Beschreibung des Wanderweges
Man geht die Osterbergstraße hinauf und sieht die großräumigen Weinbergsanlagen der Südseite des Rochusberges vor sich. Rechts am Wegesrand steht eine große Informationstafel, die Auskunft gibt über den Weinlehrpfad, die Weinlagen "Osterberg", "Bubenstück", "Rosengarten", "Scharlachberg", "Schwarzenberg" in der Großlage "Sankt Rochuskapelle" und über die Geschichte von Büdesheim. Man folgt dem Weinlehrpfad und Stefan-George-Weg. Zuerst kommt man an eine Wendelinuskapelle, wo man rechts dem Weg aufwärts folgt. Es gibt nun eine Reihe von sehr anschaulich gestal-

Wallfahrt zur Rochuskapelle. 1814 schrieb Goethe: "Die Prozession kommt herauf, gereiht und geordnet wie die übrigen. Vorweg die kleinsten Knaben, Jünglinge und Männer hinterdrein. Getragen der heilige Rochus, in schwarzsamtenen Pilgerkleide, dazu, im gleichen Stoff, einen langen goldverbrämten Königsmantel, unter welchem ein kleiner Hund, das Brot zwischen den Zähnen haltend, hervorschaut. Folgen sogleich mittlere Knaben in kurzen, schwarzen Pilgerkutten, Muscheln auf Hut und Kragen, Stäbe in Händen."

teten, drehbaren Informationstafeln mit Hinweisen auf den Weinbau, auf Hildegard von Bingen und auf den Dichter und Schriftsteller Stefan George (1868-1933), der in Büdesheim als Sohn eines Weinhändlers geboren wurde und durch den elitären "Stefan George Kreis" berühmt wurde. Er schrieb, wie er als Kind an der Rochusprozession teilgenommen hat: "... Mitte august begleiteten wir die auf einem gerüst getragene bildsäule des Stadt-Heiligen von der kirche zur bergkapelle. Er war in einem dunkelpurpurnen samtmantel gekleidet und um seine schultern hingen die ersten reifen trauben. Wir hatten pilgerkutten angelegt mit aufgenähten muscheln und führten in der hand flasche und stab". Weiter oben gibt es Weintraubenpressen und eine Laubhütte, wo man in den sonst baumlosen Weinbergen im Schatten ausruhen kann. Bald danach gelangt man zum Rochusweg, der links nach oben zum Rochusberg führt, den man beim Weintor erreicht. Jetzt biegt man rechts ab und gelangt zum Hildegardforum und zur Rochuskapelle (siehe erste Tour).

Der Rundgang bis zum Kempter Eck schließt sich an und man schaut auf den Inselrhein mit den Fauna-Flora-Habitatinseln Rüdesheimer Aue, Ilmenaue, Fulderaue, den Rheingau mit der Abtei Sankt Hildegard oberhalb von Eibingen und Schloss Metternich bei Johannisberg. Gleich dabei - beim Goetheblick - sieht man auf Rüdesheim und das Niederwalddenkmal mit der Germania und auf das Binger Loch mit der Ruine Ehrenfels und den Mäuseturm. Nun folgt man dem Waldlehrpfad, der die Rochusallee überquert und in mehreren leichten Windungen zur gleichen Ebene auf dem Scharlachbergkopf zieht. Hier bietet sich der Blick auf die Weinberge, das Nahetal und den Hunsrück an, der noch besser ist, wenn man ca. 200 m nach links zur Höhe geht, wo der Kaiser-Friedrich-Turm steht, erbaut im Drei-Kaiser-Jahr 1888. Vom Scharlachbergkopf sieht man schon Büdesheim liegen, das man abwärts durch die Weinberge erreicht.

3. Von Bingen-Kempten zum Rochusberg und zurück durch den Hohlweg (5,5 km)

Ausgangspunkt Pfarrkirche Drei Könige am Osthang des Rochusberges.
Karten TK 1:50 000 Wander- und Radwanderkarte "Mainz und Rheinhessen",
TK 1:25 000 Blatt 6013 Bingen am Rhein.
Anfahrt A 60, B 9 nach Bingen Kempten, Mainzer Straße – Bornstraße – Kirchstraße – Kirche. ÖPNV: Bahnhof Bingen-Stadt, Bus nach Kempten.
Wanderstrecke (5,5 km): Kempten, Kirche – Rochuskapelle (1,2 km) – Kempter Eck (0,3 km) - Hildegardisforum (0,7 km) – Weintor (0,2 km) – Rochusweg – Hohlweg (2 km) – Kempten, Kirche (1 km).

Beschreibung des Wanderweges
Von den drei Wallfahrtswegen zur Rochuskapelle ist dies der kürzeste Weg. Am besten geht man geradeaus durch den Friedhof, am Ende halblinks und kommt zum hinteren Ausgang. Rechts zieht der Weg mit schönen Aussichten im Zick-Zack nach oben. Er ist auch als Wanderweg ausgewiesen. Links am Kloster vorbeigehend gelangt man nach links oben zur Rochuskapelle. Auch hier ist ein Rundgang wie bei den beiden vorhergegangen Wanderungen angebracht. Zurück geht es zum Hildegardforum, dann links durch das Weintor auf den Rochusweg auf der Südseite des Rochusberges. Am 5. Weg links biegt man ab in den Weinbergsweg, der zum Hohlweg führt. Der ca. 600 m lange Hohlweg ist tief in die Lössschicht eingegraben und steht als sensibles Ökotop unter Naturschutz. Hohlwege gibt es nur noch wenige in Rheinhessen (bei Heidesheim, Alsheim und Mettenheim). Am Ende gelangt man links auf dem Sträßchen im Neubaugebiet wieder zurück zur Dreikönigskirche. Die Kirche stammt aus dem Jahre 1936 und ist im rechten Winkel zur ehemals gotischen Kirche gebaut, deren Chor noch steht. Dort befindet sich der Grabstein der Bertichildis aus dem 7. Jh. sowie Figuren von Valentin, Nepomuk und Maria Magdalena aus dem 18. Jahrhundert.

2.3 Der Wallfahrtsweg auf den Jakobsberg bei Ockenheim (5,5 km)

Gleich zwei Wallfahrtswege führen von Ockenheim hinauf zum Jakobsberg, zur Vierzehn-Nothelfer-Kapelle und zum Kloster der Missionsbenediktiner. Der Ockenheimer Pfarrer Blasius Caeser hatte in den 20er Jahren des 18. Jahrhunderts die Wallfahrt zur Kapelle auf dem Jakobsberg begründet. Am Hauptwallfahrtstag, am 24. Juli, dem Tag des Nothelfers Christophorus, oder am Sonntag danach zieht die große Prozession von der Pfarrkirche in Ockenheim auf der Kreisstraße hinauf zur Wallfahrtskirche. Der alte Wallfahrtsweg führt durch die Weinberge hinauf, wobei ein Höhenunterschied von 150 m überwunden werden muss.

Ausgangspunkt Ockenheim, Mainzer Straße, Gehauweg (Kreuz).
Karten TK 1:50 000 Wander- und Radwanderkarte “Mainz und Rheinhessen”;
TK 1:25 000 Blatt 6013 Bingen am Rhein.
Anfahrt A 60, Abfahrt Ingelheim-West, B 41 nach Gau-Algesheim und Ockenheim. ÖPNV: Bahnhof Ockenheim (Linie Mainz – Bad Kreuznach), durch die Taunusstraße, Bahnweg, Grabenstraße, Überquerung Mainzer Straße, Gehauweg.
Wanderstrecke (5,5 km): Ockenheim, Gehauweg – Jakobsberg (2,5 km) – Friedenskreuz (1,5 km) – Ockenheim (2 km).

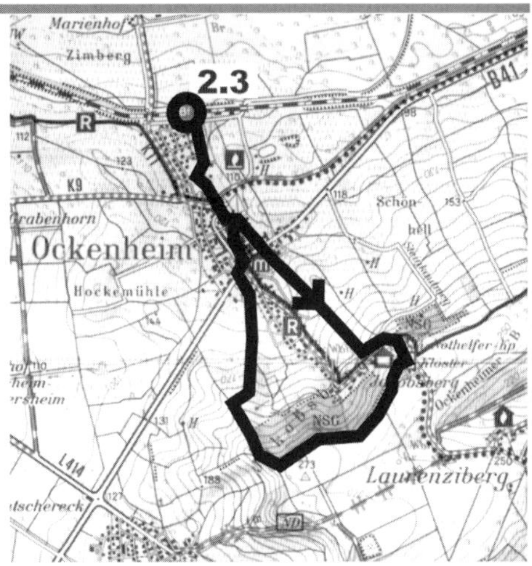

Beschreibung des Wanderweges

Am Kreuz im Gehauweg beginnt die Wanderung. Beim Ortsende gelangt man in die Weinberge. Allmählich steigt der Weg an. Am Horizont erspäht man schon den kleinen spitzen Turm der Kapelle. Und weiter geht es durch die Weinberglage “Klosterberg” bis zu einem Bildstock. Er ist aus Feldsteinen gemauert und sieht so urtümlich aus, als stünde er hier schon tausend Jahre. Jetzt beginnt der Steilanstieg mit bis zu 15% Steigung. Am Ende der Weinberge erreicht man die Kreisstraße, der man in einem Wäldchen leicht aufwärts etwa 100 m folgt. Dann steht man rechts vor einer langen Treppe, die mit 111 Stufen nach oben führt (“Jakobsleiter”). Von unten kann man schon den Eingang der Kirche sehen. Besser jedoch ist es, gleich links am alten Bildstock im Bogen nach oben zu wandern. 7 Bildstöcke mit Szenen aus dem Marienleben (u. a. Flucht nach Ägypten, Jesus im Tempel, Kreuzigungsgruppe) begleiten nach oben bis zu den letzten Stufen vor der Kapelle. Nun ist man an der Wallfahrtskirche angelangt. Der Pilger wird von dem Standbild des Jakobus, der über dem Portal steht, begrüßt. Die jetzige Kirche wurde 1857 erbaut und von Bischof Wilhelm Emmanuel von Ketteler eingeweiht. Im Innern der Kirche stehen links in einem kleinen Altar die Statuetten der 14 Nothelfer aus dem 17. Jh.; an der Stirnseite des Schiffs ist eine große Keramikwand mit Menschen zu sehen, darunter hervorgehoben die 14 Nothelfer in moderner Darstellung, und an der Stirnseite des Chores ein großer Christus als Pantokrator. Geschaffen wurde die künstlerische Ausstattung von Bruder Luzius Glanzner OSB. Zu den 14 Nothelfern gehören u. a. Barbara, Blasius, Christophorus, Georg, Katharina, Margareta.

Neben der Kirche, die nicht nur Wallfahrtskapelle, sondern auch Klosterkirche ist, steht das Kloster der Benediktiner vom Jakobsberg. Seit 1961 leben hier Missionsbenediktiner der Erzabtei St. Ottilien. Die Mönche bilden eine Gemeinschaft, der ein Prior vorsteht. Neben ihrem täglichen Offizium im Sinne des Ora et Labora der Regel des hl. Benedikt sehen sie ihren Dienst in der Gläubigenpastoral, insbesondere der religiösen Bildung, und sind in den umliegenden Pfarreien tätig. Vor den Benediktinern waren schon Jesuiten und Trappisten (seit 1921) hier im Kloster. Vor den Klostergebäuden hat man einen der schönsten Ausblicke in Rheinhessen, so auf den Rochusberg, die Rheinebene, den Rheingau und den Taunushöhenzug.

Nun wandert man entlang der Abbruchkante des Plateaus und an der Grenze eines Naturschutzgebietes zum Friedenskreuz. Es wurde 1952 von Soldaten errichtet, die aus dem 2. Weltkrieg heimkehrten, zum Dank, zur Versöhnung und Verständigung im europäischen Sinne. Auch hier hat man einen herrlichen Ausblick, jetzt auch in westlicher Richtung auf Dromersheim und in Richtung Bad Kreuznach und die Hunsrückhöhen.

Rechts unten liegt Ockenheim, dem man nun auf dem schmalen Abwärtsweg zustrebt, zunächst auf einem Graspfad am Rande des Naturschutzgebietes, dann über den zweiten Weg rechts, dann links in leichten Bögen durch die Weinberge der Lage "St. Jakobsberg". Sollte man noch über Zeit verfügen, dann lohnt sich der Besuch der Kirche von Ockenheim (Schlüssel siehe Aushang), die von dem Barockbaumeister Johann Hotter geplant und gebaut wurde. Im Innern findet man drei barocke Altäre, zahlreiche Figuren, Bilder der Maler Georg Danner und Franz Raffer und eine bemerkenswerte 24-Register-Orgel (1777) von Franz Stumm aus der berühmten Orgelbauerwerkstatt in Rhaunen-Sulzbach. Auch der Besuch des Heimatmuseums in der Grundschule ist lohnend: Dorfgeschichte, Raumgestaltung, Arbeitswelten der Männer und Frauen (Tel. 06725-1440).

2.4 Von Gau-Algesheim auf dem Weg zum Laurenziberg (9 km)

Auf dem Laurenziberg, einem Ortsteil der Stadt Gau-Algesheim, steht eine Wallfahrtskirche, die zu Ehren des römischen Erzdiakons, Märtyrers und "Pestheiligen" Laurentius errichtet wurde. Dorthin strömen am Sonntag nach Laurentius (10. August) die Wallfahrer aus allen Richtungen. Das Besondere an der Wallfahrt ist, dass dort auch die Pferde (von den zahlreichen Reiterhöfen ringsum) gesegnet werden. Ähnlich wie in Bingen wurde die Wallfahrt nach einer Pestepidemie 1666 begründet. Die Prozession zieht in der Frühe des Sonntags von der Pfarrkirche St. Cosmas und Damian in Gau-Algesheim hinauf auf den Berg. Früher hieß Laurenziberg "Bergen", und die Kirche war in der Zeit der Franken Mittelpunktskirche für mehrere Gemeinden ringsum. Die alte Kirche steht nicht mehr. Menschen aller Altersgruppen, Kirchenmusik und Fahnen begleiten bei der Wallfahrtsprozession die kostbare Laurentiusreliquie und eine barocke Laurentiusfigur auf den Berg, und es werden dabei Laurentiuslieder gesungen, die nur hier bekannt sind. Die Prozession geht einen Weg, der über eine Landesstraße und eine Kreisstraße führt, die gesperrt werden. Daher werden für unseren Wanderungsvorschlag alte Weinbergs- und Feldwege ausgewählt, die zunächst zum Jakobsberg und dann erst zum nahegelegen Laurenziberg führen.

Ausgangspunkt

Marktplatz Gau-Algesheim, vor dem Rathaus.
Karten TK 1:50 000 Wander- und Radwanderkarte "Mainz und Rheinhessen";
TK 1:25 000 Blatt 6014 Ingelheim am Rhein.
Anfahrt A 60, Ausfahrt Ingelheim-West,
B 41 nach Gau-Algesheim, durch die Langgasse zum Marktplatz. ÖPNV: Bahnhof Gau-Algesheim, Züge aus Richtung Mainz, Bingen und Bad Kreuznach, 100 m nach rechts, dann links durch die Langgasse zum Marktplatz.
Wanderstrecke (9 km): Gau-Algesheim – Jakobsberg (4 km) – Laurenziberg (1 km) – Gau-Algesheim (4 km).

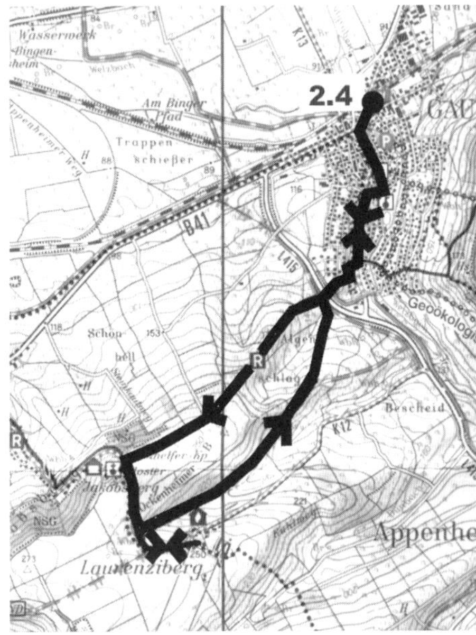

Beschreibung des Wanderweges

Vom Marktplatz mit dem schönen spätgotisch-barocken Rathaus und dem Marktbrunnen geht man nach rechts oben durch die Kloppgasse in die Appenheimer Straße und geradeaus weiter an der Turnhalle und der Christian-Erbach-Regionalschule vorbei bis zum Hotel Heljerhaisje (auf hochdeutsch: Heiligenhäuschen). Früher war hier der Anfang des Pilgerweges zum Jakobsberg und Laurenziberg. Das Kapellchen stammt aus der Zeit des Spätbarocks. Jetzt muss man rechts die Johann-Jakob-Hauer-Straße hinaufgehen und trifft im Neubaugebiet über einen Platz hinweg links auf die Saulieustraße, benannt nach der Partnerstadt Saulieu in Burgund. Man geht rechts in die Straße und nach einigen Metern nach links in die Straße “Im Blätterweg”. Am Ende der Straße führt der Weg zur Brücke über die Umgehungsstraße. Hinter der Brücke geht es kurz rechts, dann links. Der mit alten Bruchsteinen gepflasterte Weg führt mit schönen Ausblicken in leichten Windungen durch die Weinbergslagen Goldberg, Rothenberg und Johannisberg hinauf zum Jakobsberg. Kurz vor der Wallfahrtskirche ist ein Vinologischer Lehrpfad angelegt, mit Reben und im Herbst Trauben in über 120 Sorten aus der ganzen Welt, die hier gut gedeihen. Der Weg führt durch den gut beschilderten Laubengang. Dann steht man unmittelbar vor der Vierzehn-Nothelfer-Kapelle (vgl. 2.3). Weiter geht es beim Parkplatz geradeaus auf einem Sträßchen zur Laurenzi-Wallfahrtskirche, die man schon von weitem sieht.

Eingebettet in die Quellmulde eines kleinen Baches liegt die Laurenzi-Wallfahrtskirche. Die jetzige Kirche stammt aus dem Jahre 1707; 1906 wurde sie gotisierend umgebaut. Die Fenster zeigen Motive aus dem Leben des hl. Laurentius. Der Hauptaltar stammt aus der Lambertuskapelle des Mainzer Doms, die Nebenaltäre (18. Jh.) aus der Mainzer Christophskirche. Die Laurentiusfigur in der Kirche wurde von Bischof Emmanuel von Ketteler gestiftet. Auf und unter der Empore ist eine Gedenkgalerie mit verfolgten und getöteten Opfern des Nationalsozialismus zu sehen, initiiert von Heimatforscher Pfarrer Dr. Ludwig Hellriegel. Am Wallfahrtstag findet der Gottesdienst vor der Kirche statt. Zahlreiche Menschen versammeln sich dort, und auch die Pferde werden gesegnet (den Schlüssel zur Kirche gibt es in der Straußwirtschaft Lich, Laurenziberg).

Die Wallfahrtskirche auf dem Laurenziberg

Der Rückweg nach Gau-Algesheim führt zunächst wieder in Richtung Jakobsberg, biegt aber nach 300 m rechts ab in das liebliche, von Obstbäumen und Weinbergen bestandene Tälchen. Der Weg zieht nach ca. 1 km nochmals hoch. Am Scheitelpunkt schlägt man links den Feldweg ein, der durch die Obstbaumanlagen zur Brücke über die Umgehungsstraße führt.

Zurück in der Stadt Gau-Algesheim (6 900 Einw.), unternimmt man am besten noch einen Rundgang. Gau-Algesheim wurde 766 erstmals im Lorscher Codex erwähnt, besitzt Stadtrechte seit 1332, die ihr unter Erzbischof Gerlach von Nassau 1355 von Kaiser Karl IV. in Pisa bestätigt wurden. Die Stadt war ummauert und wurde zweimal in Kriegen zerstört. Gau-Algesheim gehörte zum Erzstift Mainz und trägt das Mainzer Rad in seinem Wappen. Das Rathaus mit seinem geschwungenen barocken Giebel hat als Eckfiguren eine Justitia (Gerechtigkeit) mit der Waage und eine Prudentia (Klugheit). Ein Wappenrelief mit zwei Palmenblättern ist datiert auf das Jahr 1726, den Umbau des Rathauses in der Zeit des Mainzer Kurfürsten Lothar Franz von Schönborn, und ein anderer Stein trägt die Jahreszahl 1480. An der linken Seitenwand ist die Kopie einer gelungene Stadtansicht des kurfürstlichen Geometers und Kartographen Gottfried Mascop aus dem Jahre 1577 zu sehen. Die dort abgebildeten Straßenzüge sind noch die gleichen wie heute. Mascop hat auch einen Gemarkungsplan

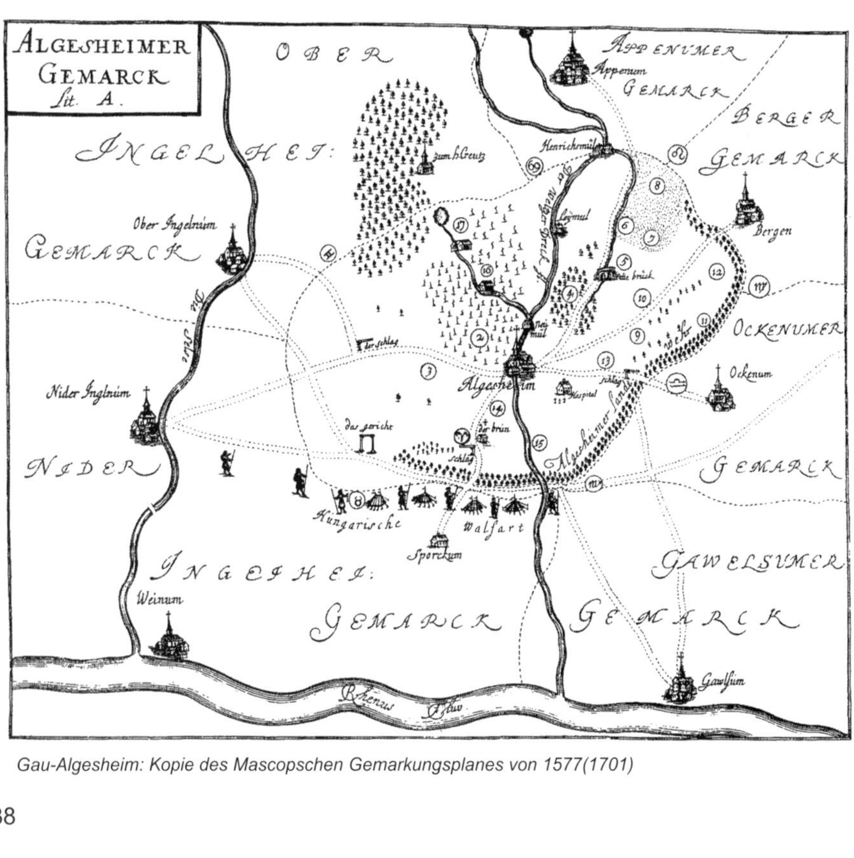

Gau-Algesheim: Kopie des Mascopschen Gemarkungsplanes von 1577(1701)

Rheinhessisches Fahrradmuseum im Schloss Ardeck in Gau-Algesheim

von Gau-Algesheim gezeichnet, auf dem vor den Toren der Stadt der Wallfahrtsweg der Pilger von Ungarn nach Aachen eingezeichnet ist. Für die Pilger wurden Zelte zur Übernachtung und Verköstigung aufgestellt. Vor dem Rathaus steht der Weinbrunnen, eine mächtige steinerne Schale mit Trauben und Weinlaubranken, geschaffen von Professor Müller-Steinfurth. Der Brunnen ist aus rötlichem Kalk-Marmor, der aus Caprino-Veronese in Oberitalien, einer der Partnerstätte Gau-Algesheims, stammt. Einige Meter links seitlich am Marktplatz erhebt sich die katholische Kirche St. Cosmas und St. Damian (Schutzheilige der Ärzte). Der Neubau der Kirche wurde 1887-1889 von dem Architekten Max Meckel (siehe Rochuskapelle) unter Einbeziehung der alten, geosteten Kirche und des romanischen Turmes (Untergeschoss) im neugotischen Stil erbaut. Bemerkenswert ist ein Durchgang unter dem Chor der alten Kirche. Gegenüber liegt das große Pfarrhaus aus der Schönborner Zeit. Über die Schlossgasse mit alten Bruchsteinmauern gelangt man zum Schloss Ardeck, einst eine außerhalb der Stadtmauer gelegene mittelalterliche Wasserburg. Das Schloss war Verwaltungssitz des Mainzer Erzbischofs für die Stadt und umliegende Dörfer. Von der ehemaligen Anlage existiert der Mittelbau mit drei Türmen und einem Treppengiebel. Nach einer gründlichen Renovierung dient das Schloss der Stadt heute als Ort festlicher und kultureller Veranstaltungen. Außerdem befindet sich hier das 2002 eröffnete Rheinhessische Fahrradmuseum, das die Geschichte des Fahrrades und der Fahrradkultur in Rheinhessen darstellt (geöffnet von 11-17 Uhr an Sonn- und Feiertagen von Ostern bis zum 2. Sonntag im Oktober und nach Vereinbarung, Tel. 06725-3151 u. 06131-72221). Von der ehemaligen Stadtmauer sind nur noch einige Reste erhalten. Dazu gehört der runde Graulturm , darinnen Exponate zur Stadtgeschichte (Führungen n. Vereinb., Carl-Brilmayer-Gesellschaft, Gau-Algesheim, Arnold Avenarius-Herborn 06725-3212). Und wer noch eine geologische, pflanzen- und tierkundliche Wanderung unternehmen möchte, dem sei der Geologische Lehrpfad (Beginn am Graulturm) empfohlen. Er führt im Welzbachtal hinauf auf den Westerberg und ist mit vielen Informationstafeln beschildert.

2.5 Der Weg zu den drei "Heiligen Bergen": Rochusberg, Jakobsberg, Laurenziberg (18 km)

Es handelt sich hier um einen längeren Weg, bei dem die drei zuletzt dargestellten Wanderungen zu einer Wanderung miteinander verbunden werden (2.2.1, 2.3, 2.4). Den Anfang macht Bingen mit dem Rochusberg, dann folgt Ockenheim mit dem Jakobsberg und schließlich der Laurenziberg mit dem Endpunkt Gau-Algesheim. Es ist reizvoll und zugleich abwechslungsreich, die drei "Heiligen Berge" miteinander zu verbinden. Es geht hier um eine Streckenwanderung, deren Anfang und Ende am besten mit der Eisenbahn zu bewältigen ist. Die wesentlichen Informationen zu den einzelnen Standorten sind bereits vorher gegeben worden, so dass ich mich hier kurz fassen kann.

Ausgangpunkte
Bahnhof Bingen-Stadt, auch umgekehrt Bahnhof Gau-Algesheim.

Karten TK 1:50 000 Wander- und Radwanderkarte "Mainz und Rheinhessen", TK 1:25 000 Blätter 6013 Bingen und 6014 Ingelheim.

Anfahrt Bahnhof Bingen-Stadt oder Bahnhof Gau-Algesheim. A60, B 9, bzw. B 41.

Wanderstrecke (18 km): Bingen – Rochusallee – Rochuskapelle (3 km) – Rochusweg – Ockenheim (7 km) – Jakobsberg (2,5 km) – Laurenziberg (1 km) – Gau-Algesheim (4 km).

Beschreibung des Wanderweges
Vom Bahnhof Bingen-Stadt geht man zunächst wie in 2.2.1 beschrieben zur Rochusstraße, dann weiter bergauf in der Rochusallee mit Blick auf die Rheinlandschaft zum Rochusberg und auf dem Kastanienweg zur Rochuskapelle (auch zum Kempter Eck mit Blick auf den Rhein und den Rheingau). Dann wandert man wieder zurück zum Hauptweg beim Kloster der Kreuzschwestern und biegt

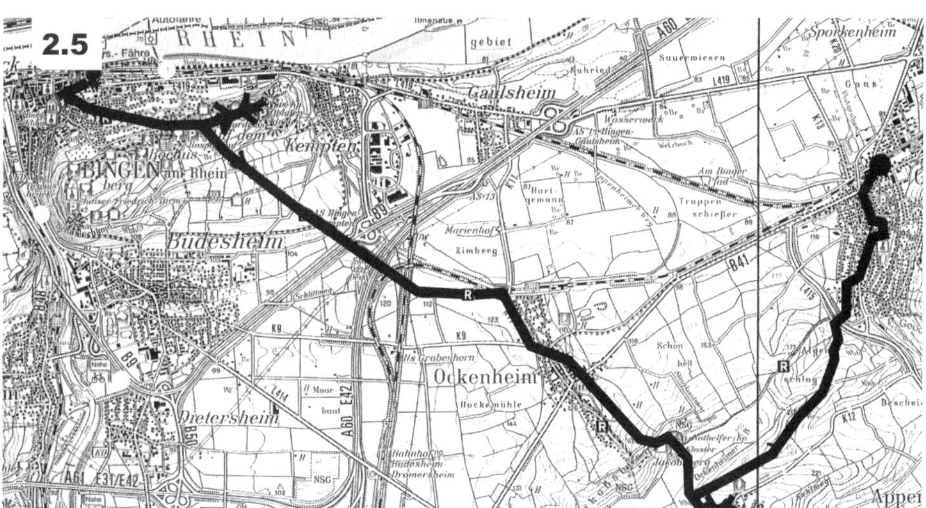

links in den Rochusweg ein. Es ist gleichzeitig der Rheinhöhenweg R. Nun geht es bergab auf dem Weinlehrpfad im Anblick des Rheinhessischen Tafel- und Hügellandes. In der Ferne tauchen schon die roten Dächer des Benediktinerklosters auf dem Jakobsberg auf. Auf vier Brücken überquert man zwei laute Autobahnen und die zwei Bahnlinien Mainz-Bad Kreuznach und Bingen-Alzey. Nach der letzten Brücke folgt man links dem Zeichen R nach Ockenheim. Im Ort trifft man auf die Mainzer Straße, die man überquert, um im Gehauweg die Wanderung auf dem alten Wallfahrtsweg fortzusetzen. Dieser führt durch die Weinberge und an einem Bildstock vorbei, teilweise steil nach oben. Im Wäldchen steigt man auf der Treppe mit 111 Stufen oder auf dem Bildstockweg nach oben zur 14-Nothelfer-Kapelle und zum Kloster Jakobsberg. Von hier aus geht man gegen Süden zur Laurenzi-Wallfahrtskirche in Laurenziberg. Etwa 300 m zurück, biegt man rechts ab in das Tälchen, dann geht es wieder leicht aufwärts zum Weg, der oben links zur Brücke über die Umgehungsstraße nach Gau-Algesheim führt.

2.6 Von Gau-Bickelheim zur Kreuzkapelle am Wißberg (7 km)

Der Wißberg (270,2 m) liegt zwischen Gau-Bickelheim und St. Johann und ragt als markantes Bergplateau in die rheinhessische Landschaft. Man sieht ihn schon von weitem und von allen Seiten. Bereits die Kelten hatten dort Behausungen, wie auch Grabfunde bestätigen. Der Archäologe Gustav Behrens bezeichnet den Berg als “eine natürliche Festung, die besonders in der späten Hallstattzeit dicht besiedelt war”. Der Rheinhessenforscher Schulrat Franz Joseph Spang hat “Wohngruben” aus keltischer Zeit dort oben entdeckt, dazu Tongefäße mit zickzackförmigen Abrollungen und Spinnwirtel aus Ton und hat sie genauer beschrieben. Vom Wißberg hat man einen weiten Blick ins rheinhessische Land. Man kann bei günstigen Bedingungen nahezu 30 Ortschaften im Umkreis zählen. Die Süd- und Westhanglage gegen Gau-Weinheim, Gau-Bickelheim und Sprendlingen zu hat durch ihren Kalksandstein günstige Bedingungen für den Weinanbau von Silvaner und Riesling. Der Berg ist nicht ungefährlich, denn seit vielen Jahren kämpfen die Winzer gegen Hangrutschen, die sich immer wieder auf dem tonigen Untergrund in den Weinbergen bilden. Oben auf dem Plateau war früher ein Hofgut, von dem aus die Felder und Weinberge bewirtschaftet wurden. Heute ist dort ein Golfplatz mit Hotel und Restaurant. Trotzdem strahlt der Wißberg etwas Magisches aus, vielleicht mit ein Grund, dass sich hier seit dem 18. Jh. eine Wallfahrt ausbilden konnte, die zur Errichtung der Kreuzkapelle inmitten der Weinberge am Hang des Wißberges geführt hat.

Die Kreuzkapelle am Wissberg bei Gau-Bickelheim

Ausgangspunkt
Gau-Bickelheim, Marktplatz.
Karten TK 1:50 000 Wander- und Radwanderkarte "Mainz und Rheinhessen";
TK 1:25 000 Blatt 6114 Wörrstadt, "Wandern in der Rheinhessischen Schweiz" vom Zweckverband Rheinhessische Schweiz, Wöllstein.
Anfahrt A 61 Ausfahrt Gau-Bickelheim, B 420, ÖPNV Bahnhof Gau-Bickelheim, Bahnstrecke Bingen-Alzey-Worms.
Wanderstrecke (7 km): Gau-Bickelheim, Marktplatz – Kreuzkapelle (2 km) – Golfplatz (1 km) – SW-Eck Wißberg (1,5 km) – Gau-Bickelheim (2,5 km).

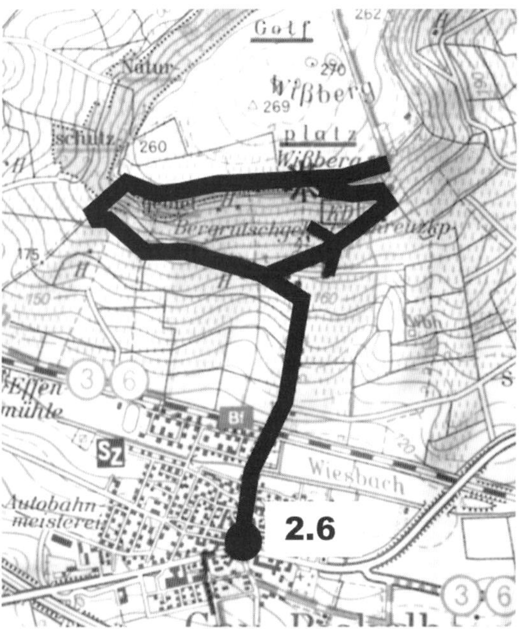

Beschreibung des Wanderweges
Vom historischen Gau-Bickelheimer Marktplatz, auch "Römer" genannt, wandert man durch die Bahnhofstraße, überquert den Wiesbach auf einer Brücke, an dessen Mauer ein barocker Nepomuk steht und geradeaus kreuzt man nun die Bahngleise. Hier beginnt der Wallfahrtsweg mit einer Kreuzigungsgruppe, der sich bergauf noch die einzelnen Kreuzwegstationen anschließen. Rechts und links an den Weg schließen sich die Weinberge der Lagen "Saukopf" und "Kapelle" an. Gemeint ist dabei wohl die Kreuzkapelle, die man schon von weitem sieht und der man sich jetzt nähert. Bereits 1755 wurde an dieser Stelle eine Kapelle gestiftet. Papst Benedikt XIV. schenkte der aufblühenden Wallfahrt einen "Kreuzpartikel", der in einer barocken Monstranz aufbewahrt ist und die bei der feierlichen Prozession an den Wallfahrtstagen in den ersten Maientagen und am 14. September zur Kapelle getragen wird. Die Kapelle wurde 1794 zerstört, und erst 1853 wurde die Wallfahrt wieder aufgenommen. Die

für den Wißberg typischen Hangrutschen gefährdeten immer wieder den im Hang stehenden Kirchenbau. Im Jahre 1910 wurde die jetzige Kapelle im neoromanischen Stil aus rheinhessischen Steinquadern erbaut. Auch sie musste 1970 bis 1972 mit starken Armierungsankern und Betonbefestigungen gesichert werden. Im Frühjahr blühen hier am Weg und an der Kirche – klimatisch begünstigt – die ersten Mandel- und Pfirsichbäume. Weit schweift der Blick in das Rheinhessenland.

In Serpentinen windet sich der Weg weiter nach oben bis zur südlichen Abbruchkante des Wißbergs. Jetzt geht man nach rechts zum Eingang und Restaurant des Golfplatzes, wo man sich stärken kann. Danach kehrt man wieder um und wandert geradeaus entlang der Abbruchskante und den Drives des Golfplatzes. Immer wieder begeistert dabei die Aussicht auf die Weinberge und das Wiesbachtal mit seinen Ortschaften wie Wallertheim, Schimsheim, Armsheim und Flonheim. In der Ferne sieht man den Donnersberg liegen, und gegen Westen schweift der Blick über den Höhenhorizont des Hunsrücks. In der Südwestecke des Plateaus biegt man links ab und geht nun einen Weg ziemlich steil hinunter. Dann schlägt man den ersten Weg links ein und gelangt zu den Hangrutschen, die zwar abgesichert sind, aber nicht genügend Halt geben. Die Weinberge wurden an diesen Stellen zumeist aufgegeben. Gau-Bickelheim liegt vor den Augen, und der Weinbergsweg bringt den Wanderer in den Ort. Dort gehen wir wieder zum Marktplatz und studieren auf einer Informationstafel die Geschichte und die Kultur der Gemeinde. Auf dem "Römer" stehen das 1749 erbaute Rathaus, ein altes Steinkreuz aus dem Jahre 1725 und einige Fachwerkhäuser.

2.7 Auf dem Weg zur Klausenbergkapelle bei Abenheim (5 km)

Eine kurze Wanderung steht an. Weithin sichtbar zeigt sich die Klausenbergkapelle bei Abenheim im Wonnegau. Umgeben von vielen Weinbergen, liegt sie sehr attraktiv auf dem Klausenberg. In der Dunkelheit erstrahlt sie in goldgelbem Licht. Der Klausenberg hat seinen Namen von einer bereits 1299 erwähnten Klause (eines Einsiedlers?), die hier oben stand und in der zweiten Hälfte des 14. Jhs. zu einem gotischen Kirchlein um- und ausgebaut wurde. Der jetzige Bau stammt aus dem Jahr 1572. Es handelt sich um einen Saalbau mit gotischen Fenstern und dreiseitigem Chor. Eine eigentliche Wallfahrt zur Kapelle gibt es zwar nicht, aber eine Prozession führt am Michaelstag (29. September) von der Pfarrkirche in Abenheim zur Klausenbergkapelle.

Ausgangspunkt

Abenheim, Pfarrkirche St. Bonifatius.

Karten TK 1:50 000 Wander- und Radwanderkarte "Mainz und Rheinhessen";
TK 1:25 000 Blatt 6315 Worms-Pfeddersheim.

Anfahrt A 61, Ausfahrt Worms/Mörstadt/Abenheim, L 425 Ausfahrt Abenheim, Wonnegaustraße bis Ortsmitte (Kirche). ÖPNV: Buslinie 434 ab Hauptbahnhof Worms.

Wanderstrecke (5 km): Bonifatiuskirche – Klausenbergkapelle (1,2 km) – Wanderung durch die Weinberge – Jakobs-Pilgerpfad - Abenheim (4 km).

Beschreibung des Wanderweges

Die kurze Wanderung beginnt an der Bonifatiuskirche in Abenheim, die man sich vorher ansehen sollte. In der feudalen Zeit war Abenheim im Besitz der Dalberger, die u. a. in Worms (Herrnsheim) und in Mainz (Alter und Neuer Dalberger Hof) residierten. Die Kirche im Ort geht auf die rege Bautätigkeit

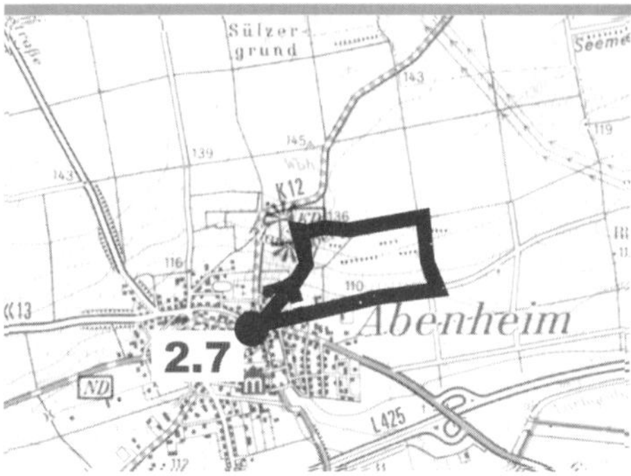

der Dalberger zurück. Für einen kleinen Ort wie Abenheim ist die Kirche verhältnismäßig groß. Die Einkünfte in Abenheim, besonders von den Weinerträgen, ließen einen größeren Kirchenbau zu, zumal die Dalberger auch hier ein Amtshaus hatten, oft die Kirche besuchten und dort repräsentierten. Der Vorgängerbau war spätgotisch (Reste des Turms); der jetzige stattliche Saalbau wurde 1736 eingeweiht. Der Raum ist lichtdurchflutet und die Gemälde sind gut sichtbar.

Von der Kirche aus geht man durch die Ortsmitte in die Klausenbergstraße, zweigt aber kurz danach in den Weg "Am Klausenberg" ab. Bald taucht oben die Klausenbergkapelle auf, der man sich am besten in einem Hohlweg nähert. An der Klausenbergkapelle in der Weinlage "Kapellenstück" angekommen, hat man eine sehr gute Aussicht auf die Umgebung bis zum Odenwald und zur Bergstraße im Osten und zum Donnersberg im Westen. (Öffnung der Kirche ab Mai jeden 2. Sonntag im Monat von 13-15 Uhr).

Die Wanderung wird durch die Weinberge der Lage "Klausenberg" in östlicher Richtung bis zum Jakobs-Pilgerpfad (Jakobsmuschel im Europa-Sternenkreis) fortgesetzt. Man folgt dem Pfad rechts abwärts durch die Weinberge, und wo der Pfad links abbiegt, geht man rechts ab zurück nach Abenheim.

Die Klausenbergkapelle bei Abenheim

2.8 Von Gonsenheim zu den drei Kapellen im Lennebergwald (8 km)

Vor den Toren der Landeshauptstadt Mainz liegt der Gonsenheimer und Budenheimer Wald, auch "Lennebergwald" genannt. Er ist der zweitgrößte Wald im waldarmen Rheinhessen und daher beliebt als Ausflugs- und Erholungsgebiet für Spaziergänger, Wanderer, Jogger, Walker und Radfahrer. Der Wald, vorwiegend Kiefernwald auf Sandböden, besitzt eine typische Sandflora, die unter Schutz gestellt ist. Man sollte daher auf den ausgewiesenen Wegen bleiben. In diesem Wald gibt es drei Kapellen, die als Wallfahrtsstätten gelten: Die Vierzehn-Nothelfer-Kapelle gehört zur Pfarrgemeinde St. Stephan Gonsenheim, die Wendelinuskapelle zur Pfarrgemeinde Budenheim und das kleine Marienkapellchen am südlichen Waldrand zu Finthen. Diese drei "Heiligtümer" sollen nun in der Wanderung miteinander verbunden werden.

Ausgangspunkt
Mainz-Gonsenheim, Vierzehn-Nothelfer-Kapelle, Kapellenstraße.

Karten TK 1:50 000 Wander- und Radwanderkarte "Mainz und Rheinhessen"; TK 1:25 000 Blätter 6015 Mainz und 5915 Wiesbaden; Stadtplan Mainz, 1:15 000.

Anfahrt ÖPNV: ab Mainz Hauptbahnhof Straßenbahnlinien 50 und 51 und Bus 64 bis Gonsenheim Kapellenstraße. Rückfahrt: Straßenbahn Linie 50 von Endstelle "Römerquelle".

Wanderstrecke (8 km): Haltestelle Kapellenstraße – Kapellenstraße – Vierzehn-Nothelfer-Kapelle (0,8 km) – Wendelinuskapelle (0,5 km) – Lennebergturm (1,2 km) – Schloss Waldthausen (0,4 km) – Forsthaus (0,6 km) – Weiher (0,4 km) – Rheingoldruhe (1,2 km) - Fünf Weiher – Marienkapellchen (1,2 km) – Sportplatz (1,2 km) – Römerquelle (0,3 km).

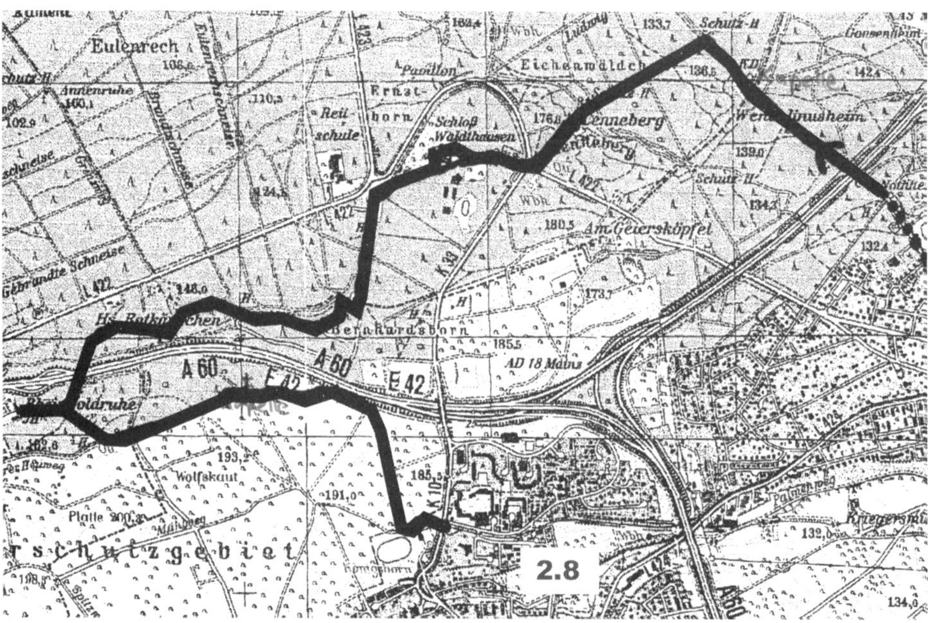

Beschreibung des Wanderweges

Von der Haltestelle “Kapellenstraße” geht man durch die Kapellenstraße mit ihren in den Wald eingebetteten Häusern und Villen der 20er Jahre, an den Sportplätzen vorbei geradewegs zur Vierzehn-Nothelfer-Kapelle. 1729 gab es in Gonsenheim eine Viehseuche. Die Bewohner versprachen, eine Kapelle zu bauen, wenn die Seuche bald zu Ende komme, was auch geschah. 1732 war die Kapelle vollendet und es entwickelte sich eine Wallfahrt, die auch heute noch Bestand hat. Nach ihrer Zerstörung durch die Revolutionstruppen wurde sie 1816 wieder aufgebaut. Die kirchliche Erlaubnis zur Wallfahrt wurde jedoch mitunter eingeschränkt, weil manche Missbräuche sich eingeschlichen hatten. Der heutige Bau stammt aus dem Jahre 1895. Der wohlgefügte neugotische Backsteinbau birgt im Innern einen Hochaltar mit Darstellungen der 14 Nothelfer (vgl. 2.3 Jakobsberg). Die Hauptwallfahrt ist am dritten Sonntag nach Pfingsten (Auskunft über Öffnungszeiten: Kath. Pfarramt St. Stephan in Gonsenheim, Tel. 06131-41409). Man geht geradeaus weiter über die Autobahnbrücke und erreicht bald im Wald die Wendelinuskapellen. Es gibt deren gleich zwei, die sich schräg gegenüber stehen. Die erste, im klassizistischen Stil, stammt aus dem Jahre 1814, die zweite, im neugotischen Stil, von 1866/67. In beiden wird Wendelinus, Patron der Schäfer und Bauern, verehrt. Wendelin soll ein iro-schottischer Königssohn gewesen sein, der später in den Vogesen eine Einsiedelei hatte und dann zum Abt des Klosters Tholey gewählt wurde. Am 3. Sonntag im Oktober zieht eine Prozession von der Pfarrkirche in Budenheim zur Kapelle, wo der Gottesdienst stattfindet (Auskunft: Kath. Pfarramt Budenheim, Tel. 06139-2129). Ein Stück weiter auf dem Waldweg Gonsenheim-Budenheim biegt man in den nächsten Weg links, die Altmünsterschneise, ein und folgt dem Schild “Café am Turm”. Man kommt zu einer langen Treppe, die hinauf zur höchsten Erhebung im Walde, dem Lenneberg, führt und steht dann gleich am Lennebergturm. Es ist ein urwüchsig in Sandstein gebauter runder Turm mit angeschlossenem Treppenturm und stammt aus dem Jahre 1880. Er wurde vom Lennebergverein unter Regie von Adam Allendorf gebaut. Dieser war 1. Vorsitzender des Mainzer Turnvereins von 1817 und Gründer des Wander- und Lennebergvereins (1874) und anderer Mainzer Vereine. Er setzte sich schon früh für die Walderholung ein, und der Mainzer Turnverein veranstaltete hier Turnfeste. Neben dem Turm ist ein Café, wo man auch den Schlüssel zum Turm erhält. Dann geht es geradeaus weiter über die Straße Gonsenheim - Budenheim/ Heidesheim (Vorsicht) zum Schloss Waldthausen. Das prächtige Schloss mit seinem wuchtigen Turm wurde 1908-1910 für den

Der Lennebergturm

Baron von Waldthausen, Besitzer von Eisenwerken im Ruhrgebiet, erbaut. Es ist heute Sitz der Sparkassenakademie. Der Park ist den Wanderern zugänglich. Man geht links am Schloss vorbei durch eine Kastanienallee hinunter in ein Tälchen und trifft dort auf das Forsthaus Lennebergwald. Links im Talgrund weitergehend gelangt man zum Öko-Wald-Haus mit Informationstafeln zum Wald und zum Naturschutz. Bald danach kommt man an einen kleinen Weiher, der links umgangen wird. Dort führt ein zunächst schmaler, später breiter Weg durch den Wald zu einem Aussichtspunkt, über dessen Leiter man auf eine Plattform klettert. Er bietet einen schönen Ausguck auf den Rheingau und den Taunus. Zuletzt geht es auf dem R-Weg unter der Autobahn A 60 hindurch, dann rechts zur Waldgaststätte des Wander- und Lennebergvereins "Rheingold", die Rheingoldruhe. Das Haus im Allgäuer Stil wurde 1924 unter dem Vorsitz des Mainzer Heimatforschers Heinrich Wothe erbaut. In der Regel ist die Gaststätte sonntags geöffnet.

Wendelinuskapelle im Lennebergwald

Man geht den Weg - wie gekommen - etwa 200 m zurück, um dann rechts an Fünf Weihern hinauf zu wandern, einem kleinen Eldorado, ebenfalls vom Wander- und Lennebergverein initiiert. Am letzten Weiher, fast auf der Höhe, ist die sehr natürlich gefasste Quelle zu sehen und zu hören. Links davon geht es über Treppenstufen hinauf zu einer Hütte mit Ruhebänken und zu dem Weg am Waldrand. Diesem "Mittleren Heuweg" folgt man nach links, bis man nach ca. 600 m zum Marienkapellchen kommt. Es ist von einigen Bürgern aus Finthen liebevoll gebaut worden, und es stehen drei Bänke davor. Der Ort dient auch als Rastplatz für Pilger aus Finthen, die zur Georgskapelle bei Heidesheim wallfahren. Sie packen dort ihre mitgebrachten "Käsebrote" aus, so dass die Wallfahrt den Namen "Käsebrot-Wallfahrt" trägt. Auf dem Mittleren Heuweg geht man weiter durch Obstplantagen, dann ein kleines Stück entlang der Autobahn bis zum nächsten Weg rechts, der zum Sportplatz von Finthen führt. Dort geht man auf dem Zufahrtsweg zur Straße, die man an der Ampel überquert. Gegenüber steht dann die Straßenbahn zur Abfahrt bereit.

3.1 Der Leinpfad von Bingen nach Mainz (27 km) Wander- oder Radtour

Zwischen Bingen und Mainz-Mombach ist an vielen Stellen der Leinpfad als Uferpfad noch gut erhalten. Zwar ist er zur Rheinseite hin oft bewachsen mit Bäumen oder Büschen und mitunter breitet sich der Auenwald aus, das tut aber dem Wandern oder dem Radwandern keinen Abbruch. Im Gegenteil! Hinzu kommt, dass diese Rheinseite zwischen Bingen und Mainz nicht von starkem Schiffsverkehr beeinträchtigt ist. Es stellt sich eine sehr beeindruckende Auenlandschaft dar. Der Rhein ist hier am breitesten, bevor er in das obere Mittelrheintal, in das “Binger Loch” einfließt. Er plätschert ganz sachte am Ufer entlang, dem mehrere langgezogene Inseln vorgelagert sind. Sie bilden einen natürlichen Schutz vor dem lärmenden Schiffsverkehr. Die Landschaft des “Inselrheins”, wie er hier genannt wird, ist noch naturbelassen, und es tummeln sich hier viele Wasservögel, Enten und Graugänse, und typische Uferrandpflanzen wie Pappeln, Schilfe und Huflattich beleben die Auenlandschaft. Daher ist der Inselrhein auf weite Teile europäisches FFH (Flora-Fauna-Habitat)-Gebiet.

Ausgangspunkt
Bingen, Hindenburganlage.
Karten TK 1:50 000 Wander- und Radwanderkarte “Mainz und Rheinhessen”,
TK 1:25 000 Blätter 6013 Bingen und 6014 Ingelheim, 5914 Eltville, 5915 Wiesbaden, 6015 Mainz.
Anfahrt ÖPNV: Bahn Mainz-Bingen-Koblenz, Bahnhof Bingen-Stadt. Durch die Unterführung am Bahnhof in die Rheinanlage.
Wanderstrecke (27 km) Bingen – Bingen-Kempten (2 km) - Ingelheim Nord/Frei-Weinheim (8 km) – Heidenfahrt (6 km) – Budenheim (6 km) – Mainz-Mombach, Industriegebiet (5 km).
Wer möchte, kann auch nur bis Ingelheim-Nord oder bis Budenheim wandern.

Beschreibung des Wanderweges
Auf der Nordseite des Bahnhofs von Bingen steht der alte Rheinkran, ein technisches Meisterwerk des 16. Jhs.. Außen ist er mit Schiefer verkleidet und sein Hebearm ragt hoch in die Luft. Hier ist der Ausgangspunkt für die Wanderung oder Fahrradtour entlang des Leinpfades. Zunächst geht es in östlicher Richtung rheinaufwärts, vorbei an der Fähre nach Rüdesheim und am Hafen, in dem viele Boote und große Yachten verankert sind. Der Bahnlinie entlang passiert man die Sportplätze von Bingen-Kempten. Vor der Durchfahrt unter der ehemaligen Hindenburgbrücke biegt man links ab zum Rheinufer. Jetzt hat man den richtigen Leinpfad erreicht. Eine herrliche Auenlandschaft tut sich auf. Links zieht der Rhein ruhig seinen Weg, und am Leinpfad wechseln Bäume, Buschgruppen und Wiesen einander ab. Auf der Höhe von Gaulsheim informieren Tafeln des in der Nähe beheimateten NABU Naturschutzbundes über die ökologische Vielfalt an Tieren und Pflanzen im Rheinuferbereich. Das ganze Gebiet steht unter Naturschutz, ebenso die beiden Inseln Ilmenaue und Fulderaue mit ihrem Vogelreichtum. Die Fulderaue gehörte über viele Jahrhunderte zur Abtei Johannisberg im Rheingau und dadurch auch zu Fulda. Teilweise ist der Leinpfad sandig. Das rührt von den Überschwemmungen her, die zu manchen Zeiten den Weg überfluten. Kurz vor Ingelheim-Nord geht man hinauf zum Damm. Auf der anderen Seite des Dammes kann man den ehemaligen Lokschuppen (heute Gaststätte und Biergarten) und den Bahnhof (privat) der Selztalbahn (1904-1952) sehen. Ingelheim-Nord/Frei-Weinheim ist erreicht. Man biegt links ab zur Fähre am Hafen mit dem Bootshaus des Ingelheimer Rudervereins. Von der Mole aus hat man einen faszinierende Blick auf den Rhein, den Rheingau

Der Leinpfad am Rhein bei Ingelheim

mit Mittelheim und seiner romanischen Basilika, auf Schloss Vollrads und Schloss Johannisberg und nach Osten zu auf Oestrich und Hallgarten mit der Hallgartner Zange im Hintergrund. (Wer hier die Wanderung beenden möchte, findet Anschluss zum Bus nach Ingelheim-Bahnhof. Die Haltestelle ist in der Talstraße, die nach etwa 200 m von rechts in die Rheinstraße einmündet).

Von der Zufahrt zur Mole aus geht die Wanderung nun weiter über die Jungau. Sie ist seit einigen Jahren ein Erholungs- und "Erlebnis"gebiet für Jung und Alt mit Spielplätzen und vielen Hinweistafeln. So erfährt man, dass hier einst der Hafen für die Schiffe Karls des Großen und seiner Nachfolger war, die in Ingelheim ihre Kaiserpfalz hatten. Man überquert die Selz, die aus dem Landesinneren von Rheinhessen kommt, auf einer Brükke und kann sehen, wo sie in den Rhein mündet. Zumeist sind dort allerlei Enten, Blässhühner und Schwäne zu sehen, denn die Selz bringt modriges Wasser in den zumeist sauberen Rhein, der bei Sonnenlicht sogar in reinem Blau daherfließt. Weiter gelangt man an einen hölzernen Hochstand, von dem aus man Vögel und die hier heimischen Gruppen von Graugänsen beobachten kann. An einem Flussrelief kann man studieren und ausprobieren, wie sich die Beschleunigung des Rheins nach der Kanalisierung unter Tulla im 19. Jh. im Vergleich mit dem mäandernden Rhein vergangener Zeiten, der langsamer dahinfloss und wenig Hochwasser im Gefolge hatte, auswirkt. Am Leinpfad kommt man dann in der Nähe des Hofes Leberts Au zu der in neuromanischem Stil massiv gebauten Klause, die 1893 von Wilhelm von Erlanger als Jagdhaus errichtet wurde. Das Haus trägt die Inschrift SALUS INTRANTIBUS A. D. MDCCCLXXXXIII. Heute hat hier der Ingelheimer Anglerverein Rheinlust sein Domizil, das an den Wochenenden im Sommer und Dienstag nachmittags geöffnet ist. Innen sind die Wände mit Szenen aus dem Leben Karls des Großen ausgemalt. Auf dem Leinpfad weitergehend erreicht man Heidenfahrt, einen Ortsteil von Heidesheim. Auch hier bietet sich ein schöner Ausblick auf den Rhein und den Rheingau, besonders auf die langgestreckte Mariannenaue, auf Erbach und Eltville.

Zunächst geht es am Rheinufer weiter, doch wird der Leinpfad hier unwegsam, so dass man ab dem Hof Nonnenaue auf dem alten Damm gehen sollte. Das hat den Vorteil, dass man von oben sowohl die Auen – und hier die Königsklinger Aue – als auch die rheinhessische Landschaft gut sehen kann. Schließlich wird Budenheim erreicht. Hier gibt es eine Fahrradfähre, die von Frühjahr bis Herbst Radfahrer und Wanderer an das andere Rheinufer nach Walluf übersetzt. Von Budenheim aus kann man auch mit dem Bus (Linie 64) oder mit der Bahn nach Mainz fahren.

Wer noch gut zu Fuß ist, wandert am Rheinufer unterhalb der Chemischen Fabrik und der

Glashütte Budenheim rheinaufwärts. Man kommt an einer kleinen Schiffswerft vorbei und sollte von hier an auf dem Dammweg gehen, denn das Gebiet am Rhein steht unter strengstem Naturschutz. Unter der Autobahnbrücke Mainz-Wiesbaden hindurch erreicht man schließlich den Vorort Mainz-Mombach mit dem Mainzer Industriegebiet. Das Rheinufer ist hier durch Fabrik- und Gewerbeanlagen blockiert. Hier ist die Wanderung zu Ende. Die Buslinie 68 bringt die Wanderer nach Mainz.

(Wer die Tour mit dem Rad unternehmen möchte, kann bei vorsichtiger Fahrweise der Beschreibung für die Wandertour folgen. Günstiger ist jedoch die Fahrt von Bingen-Kempten nach Gaulsheim, durch den Ort hindurch, dann kurz vor der Autobahnausfahrt nach links im Bogen über den Welzbach und dann am Damm entlang nach Ingelheim-Nord. Die Fahrt geht weiter am Damm nach Heidenfahrt und am neuen Damm entlang nach Budenheim und auf dem ausgeschilderten Weg durch den Ort und durch die Gemüse- und Obstfelder von Mombach, unter der Autobahnauffahrt hindurch. Zuletzt nimmt man den ausgewiesenen Radweg durch das Industriegebiet, geradeaus an den Schott-Glaswerken vorbei zum Zollhafen und links zum Rheinufer von Mainz).

3.2 Der Leinpfad von Mainz nach Nackenheim (und weiter nach Nierstein, 12-19 km)

Wander- oder Radtour

Von Mainz aus verläuft der Leinpfad in südlicher Richtung. Die Strömung des Rheins ist hier stärker als auf dem Weg zwischen Bingen und Mainz. Auch die Auenlandschaft tritt zurück, und es gibt nur die Inseln "Nonnenau" am anderen Ufer und die "Kisselwörth" bei Nackenheim. Der Leinpfad ist jedoch noch gut erhalten. Die Portland-Zementwerke in Mainz-Weisenau und ein Campingplatz müssen aber umfahren bzw. umgangen werden. Stellenweise verläuft der Leinpfad neben der lauten Autobahn. Dafür entschädigt die Sicht auf den Rhein und die Schiffe.

Ausgangspunkt
Rheinufer, Fischtorplatz.

Karten TK 1:50 000 Wander- und Radwanderkarte "Mainz und Rheinhessen"; 1:15 000 Amtlicher Stadtplan Mainz (reicht bis kurz vor Nackenheim).

Anfahrt Mit Bahn bis Hauptbahnhof, Bus Haltestellen Fischtorplatz oder Rheingoldhalle.

Wanderstrecke (12 – 19 km): Mainz, Fischtor – Winterhafen (0,6 km) – Weisenau, Zementwerke (3 km) – Campingplatz (1,4 km) – Nackenheim (7 km) – (Nierstein 7 km).

Beschreibung des Wanderweges

Vom Fischtorplatz in Mainz (Anlegestelle des Schiffes "Gutenberg") geht man durch die Parkanlagen am Rheinufer, überquert die ehemalige Drehbrücke am Winterhafen und wandert beim Mainzer Ruderverein von 1878 unter der Eisenbahnbrücke hindurch. Der parkähnlich gestaltete Uferweg verläuft in der Höhe von Mainz-Weisenau weiter am Rheinufer zwischen Bahnlinie und Rhein. Hier ist

Leinpfad am Rhein bei Nackenheim

viel Fußgänger- und Radfahrerverkehr, deshalb ist Vorsicht geboten. Dann geht es um das Gelände der Portland-Zementwerke herum (zweimal absteigen und schieben), unter der Autobahnauffahrt hindurch und gleich links zum Rheinufer. Dort läuft oder fährt man wieder am Rhein entlang bis zum Campingplatz, der rechts umgangen wird. Danach folgt ein recht schöner Teil des Leinpfades mit weitem Blick über die Rheinlandschaft. Nach einiger Zeit erreicht man Nackenheim, das hinter dem Damm liegt. (Über Nackenheim vgl. 4.4: "Wo Carl Zuckmayer Spuren hinterlassen hat"). Rückfahrt vom Bahnhof Nackenheim.

Wer weiter wandern möchte, dem sei empfohlen, den Weg zwischen Bahn und Straße weiter zu gehen bis zum Bahnübergang. Dort überquert man die Bahn, um die Wanderung auf dem Wander- und Radweg durch die Weinberge am Hang der berühmten Weinberglagen Rothenberg, Spiegelberg, Hipping und Oelberg fortzusetzen. Nach 6 km erreicht man Nierstein bei der harmonisch in den Weinbergen liegenden Kilianskirche. Der Ortskern hat malerische Winkel, Fachwerkhäuser und ein Museum. Rückfahrt ab Bahnhof Nierstein.

4.1 Die Hohlwege von Heidesheim (8 km)

Hohlwege haben sich im Laufe von Jahrhunderten durch Karren und Wagen in den Löss eingegraben. Bei starken Gewitterregen trugen auch Sturzbäche zur Erosion bei. Löss besteht aus feinen Quarzkörnern (Sand), die während der Eiszeit aus Wüstenregionen an den Hängen des rheinhessischen Plateaus von starken kalten Winden angeblasen wurden und sich bis zu einer Mächtigkeit von 15 m ablagerten. Die Sande verdichteten sich mit Kalken zu einem Gemisch von 60-70% Quarz, 10-30% Kalk und 10-20% Tonerde-Silikaten zu Löss.
Die Hohlwege von Heidesheim sind ein landschaftlich-naturnahes Kleinod in Rheinhessen. Kaum jemand kennt sie, denn sie sind – bis auf einen - für Wanderer nicht markiert. Die Landwirte benutzen sie, um zu ihren Obstbaumfeldern im südöstlichen Teil der Gemarkung zu gelangen. Zwischen den Hohlwegen bieten sich auf den freien Flächen überraschende Ausblicke auf die umgebende Landschaft und hinüber in den Rheingau. Besonders im Frühjahr, wenn die Obstbäume blühen, lohnt es sich, hier auf Entdeckungstour zu gehen.

Ausgangspunkt
Heidesheim, Bahnhof.
Karten TK 1:50 000 Wander- und Radwanderkarte "Mainz und Rheinhessen";
TK 1:25 000
Blatt 6014 Ingelheim am Rhein.
Anfahrt ÖPNV: Bahn von Mainz bzw. Bingen, Bad Kreuznach. Auto: Parken in der Nähe des Bahnhofs.
Wanderstrecke (8 km): Heidesheim – Bruderweg – Hohlweg, Gesamtlänge ca. 2 km – Wackernheim (4 km) – Rabenkopf (2 km) – Heidesheim (2 km).

Beschreibung des Wanderweges
Vom Bahnhof in Heidesheim führt der Weg in die Bahnhofstraße, vorbei an der ehemalige Wasserburg Windeck (Turm aus dem 13. Jh.) zur Mainzer Straße. Dort geht man auf der verkehrsreichen Mainzer Straße einige Meter nach links und biegt dann rechts in die Clemensstraße ein. Diese führt in leichtem Bogen zum Bruderweg, in den man links einbiegt. Der Bruderweg ist ein sehr alter Verbindungsweg. Er beginnt am Rhein bei Heidenfahrt und schlängelt sich durch Heidesheim bergauf an Wackernheim vorbei zum Layenhof und durch den Ober-Olmer Wald zum Birkerhof bei Nieder-Olm. Der Name Bruderweg rührt von den Zisterzienserbrüdern von Kloster Eberbach im Rheingau her, die von Erbach aus nach Heidenfahrt über den Rhein setzten und dann den vorgenannten Weg als schnellsten Fußweg benutzt haben, um zu ihren Besitzungen Birkerhof und weiter im Selztal zum Wahlheimerhof zu gelangen. Dazu benötigten sie etwa einen Tag. Nun geht es auf dem Bruderweg bergauf, gerade-

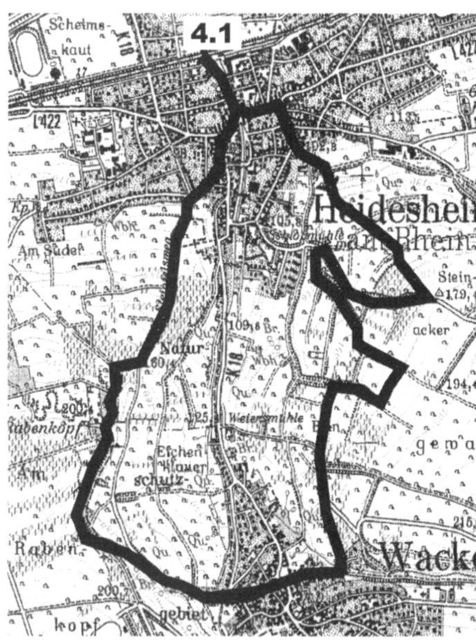

Hohlweg bei Heidesheim

aus an den letzten Häusern von Heidesheim vorbei in die Obstfelder in das Gebiet der Hohlwege. Bald erreicht man einen niedrigen kleinen Hohlweg, den man durchwandert bis zur Sitzbank. Von dort hat man eine schöne Aussicht auf Heidesheim, den Rheingau und die Taunusebene. Dann biegt man rechts bergab ein in ein asphaltiertes Sträßchen, das durch den nächsten Hohlweg führt. Am Ende des Hohlweges, etwa 100 m vor den ersten Häusern von Heidesheim, biegt man links wieder in einen Hohlweg ein. Dieser ist interessanter als sein Vorgänger, denn er ist naturbelassen. Er schlängelt sich etwa 500 m nach oben und besitzt die typischen Merkmale eines Hohlweges mit steilen gelblich-grau-weißen Lösswänden, bewachsen von Efeu, Schöllkraut und Lerchensporn (im Frühjahr), von Holunderbüschen, Robinien und Lianen. Am Ende des Hohlweges wandert man rechts durch ein Baumfeld mit Süßkirschen (etwa 200 m), um dann rechts in den nächsten Hohlweg einzubiegen. Dieser Hohlweg ist in seiner Art noch urwüchsiger. Man kann ihn aber nur zum Teil begehen, bis zu dem Schild "Einsturzgefahr – Betreten verboten". Da bleibt nichts anderes übrig, als sich in einen Nebenhohlweg links zu begeben. Dieser führt nach kurzem Weg wieder "ins Freie", zunächst durch Obstbaumfelder, dann ein wenig nach links auf einen asphaltierten Weg, einen "Panoramaweg" mit Blick auf das Dorf und Tälchen von Wackernheim. Man kommt an einem Reitplatz vorbei und geht hinunter zu den ersten Häusern, um rechts auf der Straße in die Dorfmitte von Wackernheim zu gelangen.

Wackernheim liegt an einem steilen Hang in der oberen Mulde eines Tälchens, das sich nach Norden öffnet. Es verbreitet ein gewisses Flair, das an italienische Dörfer erinnert. Die Häuser sind zumeist aus einheimischem Kalksandstein gebaut; mitunter gibt es Fachwerkgiebel. Die Wanderung führt weiter am Rathaus vorbei in die Neustraße, in der die barocke katholische Kirche steht. Am Ende der Straße biegt man rechts ab in die Hasselstraße, geht hinunter zum Brunnen und dann links auf dem asphaltierten Feldweg wieder hinauf durch die Obstfelder und Weinberge. Am Schild "Wasserschutzgebiet" geht man auf dem natürlichen Feldweg links hinauf, wo man auf die Rabenkopfstraße trifft. Hier fuhr einst zwischen 1911 und 1918 die Mainzer Festungsbahn. Es lohnt der Ausblick auf das Tälchen, in welchem Wackernheim liegt. Auf der Rabenkopfstraße erreicht man bald den Rabenkopf, einen markanten Punkt, wo der Abhang des ostrheinhessischen Plateaus zur Ingelheim-Heidesheimer Rheinebene steil nach unten geht. Hier war einst Endstation der Festungsbahn (vgl. 6.1). Das Haus war früher eine Wirtschaft, jetzt ist es privat. Rechts vorbei an Haus und Zaun entlang zieht der Weg steil abwärts, stößt am Ende des Wäldchens auf den R-Weg, den Steinfelsweg. Diesem folgt man – den Ausblick genießend – nochmals durch einen kleinen Hohlweg hinunter nach Heidesheim. Bei den ersten Häusern geht es rechts die Straße hinunter, wo man auf den Weg am Bach (Graben) stößt. Hier entlang geht man zum Ortsmittelpunkt mit der barock-klassizistischen Kirche St. Philippus und Jakobus. Jetzt ist der Bahnhof zur Rückfahrt nicht mehr weit.

4.2 Die Hohlwege von Alsheim und Guntersblum und auf dem Rheinhöhen-Weg nach Oppenheim (15 km)

Wander- und Radtour

Die heutigen Hohlwege von Alsheim und Guntersblum sind nur noch ein Überbleibsel von einem ehemaligen System von Hohlwegen. Durch die Flurbereinigung wurden sie zum großen Teil entfernt oder einseitig “aufgeschlitzt”, um die Anbauflächen für Weinreben zu terrassieren und besser bewirtschaften zu können. Wertvolle Ökotope gingen dadurch verloren. In den Hohlwegen ist eine reiche Flora und Fauna zu Hause, angefangen von Lerchensporn, Efeu, Ginster und Schöllkraut bis hin zu den Früchten von Holunder, Wildrosen und Robinien im Herbst, von den Hummeln und Bienen, die in den gelblich-grau-weißen Wänden ihre Wohnungen und bis zu den zahlreichen Vögeln, die hier in den Büschen ihre Nester haben. Löss bildet fruchtbares Weinbau- und Ackerland. Die Hohlwege von Alsheim und Guntersblum, soweit sie noch vorhanden sind, verbuschen inzwischen und zerfallen und sind nicht mehr begehbar. Einige jedoch bestehen noch, die wir bei der Wanderung kennen lernen.

Ausgangspunkt
Bahnhof Alsheim, Bahnlinie Mainz-Worms-Ludwigshafen-Mannheim.

Karten TK 1:50 000 Wander- und Radwanderkarte “Mainz und Rheinhessen”;
TK 1:25 000 Blätter 6216 Gernsheim und 6116 Oppenheim.

Anfahrt ÖPNV: Bahnhof Alsheim, dort auch Parkplatz für Autos, Straße Guntersblum–Alsheim bzw. Worms-Herrnsheim-Osthofen-Mettenheim-Alsheim.

Wanderstrecke (15 km): Alsheim Bahnhof – Hangen-Wahlheim (2,5 km) – Guntersblum (2 km) – Ludwigswinkel oberhalb (3 km) – Dienheim oberhalb (3,5 km) – Oppenheim über Landskron (4 km).

Beschreibung des Wanderweges

Vom Bahnhof in Alsheim geht man zunächst durch die Bahnhofstraße zum Fachwerk-Rathaus und durch die Mittelgasse in die Mehlpfortstraße zum Bürgerhaus. Der Wanderweg ist gleichzeitig R-Weg und Gelbes-Kreuz-Weg der Wanderverbände. Er führt rechts am Bürgerhaus vorbei in den Wahlheimer Weg, der im offenen Feld einen schönen Ausblick in die Rheinebene bietet. Links des Weges wächst der Wein auf terrassierten Lössböden. In diesem Abschnitt ist der Weg in der Lage "Alsheimer Rheinblick" gleichzeitig Weinlehrpfad. Nach einem Kilometer - vom Bürgerhaus gerechnet - kommt man zum ersten, etwa 250 m langen Hohlweg. Er beeindruckt durch seine steilen und hohen Lösswände. Weiter geht es nach

Hohlweg bei Alsheim

Hangen-Wahlheim, das noch zu Alsheim gehört. Der stille Ort hat eine kleine Kirchenruine mit altem Friedhof und eine idyllische Lage in einem Tälchen. Auf dem markierten Wanderweg geht es weiter am hohen Lösshang entlang. Wer einen aufgelassenen, verbuschten Hohlweg sehen möchte, der biege links in die Sonnenhohl ein und gehe ca. 300 m in einem kleinen Hohlweg weiter zum aufgelassenen Hohlweg. Man geht zum Wanderweg zurück durch die Weinrebenterrassen auf dem Wanderweg und Weinlehrpfad in der Lage "Himmelthal". Auch hier bieten sich wieder überraschende Ausblicke. An der großen Informationstafel vor Guntersblum verlässt man den Weinlehrpfad und geht nach unten in den Kellerweg von Guntersblum. Er ist einmalig in Rheinhessen und darüber hinaus. Auf über einen Kilometer zieht sich der Weg mit seinen malerischen Keller- und Kelterhäuschen am Rande von Guntersblum entlang. Der Kellerweg wurde im 18./19. Jh. angelegt, als Überschwemmungen die Keller der Winzer bedrohten, so dass die Weinlager in den geschützten Zonen des Kellerweges gebaut wurden. Im Mittelpunkt des Kellerweges steht der Julianenbrunnen, um den herum am 3. Sonntag im August ein großes Weinfest gefeiert wird, das bis zum darauffolgenden Sonntag währt.

Den Kellerweg verlässt man an der Straße Guntersblum-Uelversheim. Dort trifft man wieder auf den Wanderweg. Man folgt der Markierung etwa 80 Meter entlang der Straße unterhalb des jüdischen Friedhofs, und überquert dann rechts einen kleinen Bach. Der Weg führt geradeaus durch den nächsten Hohlweg, der gepflastert ist, nach oben. Dort wird man von einem sehr schönen Aussichtsturm erwartet, von dessen Plattform aus man einen weiten Rundumblick über die Lage Steig-Terrasse, die Kirchtürme und Schlossbauten aus der Zeit der Leiniger bis weit über die Rheinebene zur Bergstraße und den Odenwald werfen kann. Weiter geht es im-

mer dem R-Weg und dem Gelben Kreuz nach auf halbem Höhenweg durch die Gemarkungen von Ludwigshöhe mit der Weinlage Teufelskopf und durch die Gemarkung von Dienheim mit den Weinlagen Tafelstein, Falkenberg, Herrenberg und Kreuz. In der anschließenden Gemarkung von Oppenheim werden die Weinlagen Herrenberg, Sackträger und Zuckerberg mit festem Schritt durchmessen. Von weitem bietet sich den Augen die herrliche gotische Katharinenkirche und darüber die Ruine Landskron von Oppenheim dar. Man quert am Friedhof die Straße Oppenheim-Dexheim und geht hinauf auf den Schlossberg zur Ruine Landskron, einst Sitz der Pfalzgrafen, endgültig zerstört im pfälzischen Erbfolgekrieg. Mit dem Blick aus den Fensterhöhlen der Ruine auf Oppenheim, den Rhein, die Rheinebene und die Rheinterrasse erfreut man sich an diesem schönen Fleckchen Erde. Rechts von der Landskron steigt man auf den zahlreichen Treppenstufen hinab in die Stadt. Eine Stadtbesichtigung kann sich anschließen mit der außerordentlich fein ausgearbeiteten Katharinenkirche 13. und 15. Jh., deren kostbaren Kirchenfenstern und dem "Karner", der Gebeinhalle unter der Michaelskirche. Trotz mancherlei Zerstörungen hat die ehemals freie Reichsstadt und der Wohn- und Arbeitsort von Matthäus Merian (1593-1650) noch ihren von Spätmittelalter, Renaissance und Barock geprägten Charakter erhalten (Marktplatz mit Rathaus, unterirdisches Gang- und Verteidigungssystem, Teile der Stadtmauer mit dem Gautor und zahlreiche Fachwerkhäuser, Deutsches Weinbaumuseum).
Vom Marktplatz geht man links in die Krämerstraße und biegt dann wiederum links in die Mainzer Straße ein. Dann geht man nach rechts hinunter in die Bahnhofstraße zum Postplatz und weiter zum Bahnhof.

4.3 Nackenheim: Wo Carl Zuckmayer Spuren hinterlassen hat (8 km)

Der aus Nackenheim stammende Schriftsteller und Dichter Carl Zuckmayer (1896-1977) hat seine Herkunft aus Rheinhessen auch in den vielen Jahren in seinen Wahlheimaten USA und Schweiz nie vergessen. In seiner Autobiographie schreibt er: "Meine Heimat ist Rheinhessen, und das heißt, daß sie landschaftlich nichts mit dem zu tun hat, was man unter ‚Rhein-Romantik' versteht. Diese Gegend zeigt in ihrer starken, besonnten Fruchtbarkeit ein äußerst einfaches, nüchternes Gepräge. Die Rebstöcke stehen ordentlich und brav, die Obstbäume in Reihen gegliedert, alles Land ist Nutzland, und nur der rötliche Hautglanz der Erde verrät etwas von ihrem heimatlichen Heißblut, von ihrem gezügelten Temperament. Rot ist die Grundfläche des Bodens, besonders in der Gegend meines Geburtsortes Nackenheim. Rot ist in vielen Schichten und Stufen über die Rebhügel, Felder und Wege versprengt ..." (Carl Zuckmayer: Als wär´s ein Stück von mir – Horen der Freundschaft, Gütersloh 1966, 126). Und diesen Wegen gilt es nun zu folgen.

Ausgangspunkt
Nackenheim, Bahnhof.
Karten TK 1:50 000 Wander- und Radwanderkarte "Mainz und Rheinhessen";
TK 1:25 000 Blatt 6116 Oppenheim.
Anfahrt B 9 Mainz – Worms, ÖPNV: mit Bahn, Bahnhof Nackenheim.
Wanderstrecke (8 km): Nackenheim, Bahnhof – Nackenheim, Ortsmitte (1 km) – Rothenberg (1 km) – Schau-ins-Land (3 km) – Niersteiner Warte (1 km) – Nierstein, Ortsmitte und Bahnhof (2 km).

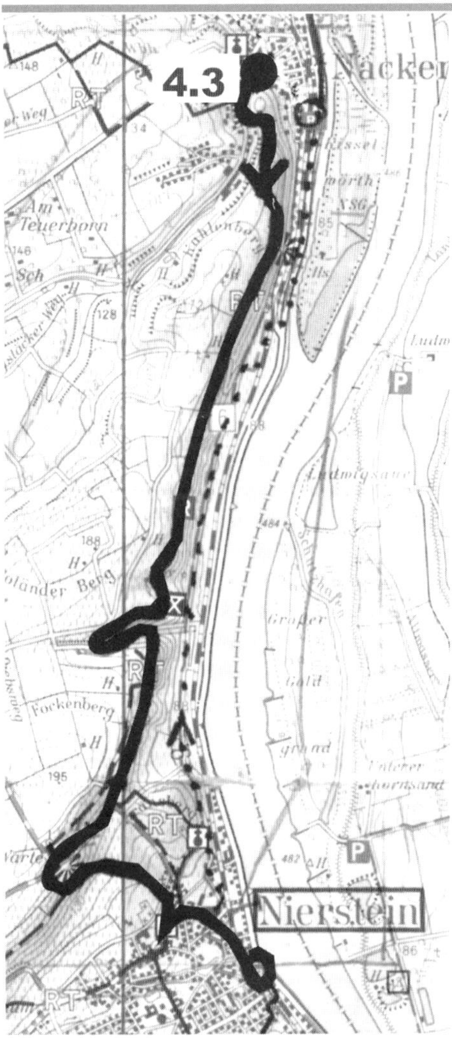

Beschreibung des Wanderweges

Vom Bahnhof Nackenheim geht es zunächst in der Wormser Straße nach rechts zum Weingut und Restaurant Gunderloch, wo 1926 die Szenerie von Zuckmayers "Der fröhliche Weinberg" spielte (damals heftig umstritten). Man biegt links um die Ecke in die Carl-Zuckmayer-Straße ein, die zum Carl-Zuckmayer-Platz vor dem barocken Fachwerk-Rathaus führt. Am Rathaus erinnert eine Bronzebüste an den großen Dramatiker. Links geht es weiter in die Weinbergstraße mit ihren schmucken Winzer- und Handwerkerhäusern. Nach etwa 500 m biegt man links ab in die Adam-Winkler-Straße, die zugleich als R-Weg gekennzeichnet ist. Vorbei an einem Garten mit skurrilen Märchenfiguren (Gestiefelter Kater, Bremer Stadtmusikanten, Münchhausen) geht es bergauf zum Forum Vinum, einer Weinschänke im Freien mit Blick auf Nackenheim und das Tälchen des Eichelbaches. Im Verlauf des R-Weges gelangt man weiter zum Rothenberg. Der Name stammt von dem Gestein des "Rotliegenden", eines Tiefengesteins, das hier an der östlichen Abbruchkante des Rheinhessischen Plateaus ("Rheinfront") zu Tage tritt und einen Steilhang bildet. Vom Aussichtspunkt sieht man den Rhein, den Mühlarm mit den vor Anker liegenden, in den Wellen schaukelnden Booten, auf die Sändchensinsel und die Kisselwörth. Hier oben dürfte auch der kleine Carl gestanden haben, und sein Vater hat ihm die Heimatlandschaft erklärt.

In südlicher Richtung geht es – begleitet von Informationstafeln – immer entlang des Hanges auf dem markierten R-Weg. Der Grundton des Bodens in den Wingerten der Lagen Spiegelberg, Hipping und Oelberg ist wie vorher rötlich. An mehreren Aussichtspunkten vorbei gelangt man schließlich nach einer größeren Schleife im Rehbachtälchen zum Schau-ins-Land. Es öffnet sich nun der Blick nach Süden und auf Nierstein mit der profiliert auf einer Kuppe in den Weinbergen liegenden Kilianskirche. An dieser Stelle verlässt man den R-Weg. Man geht in westlicher Richtung zur Niersteiner Warte. Es handelt sich um einen mittelalterlichen Wart- und Signalturm, der aus den Steinen des über Lörzweiler gelegenen "Königsstuhls", dem Ort, an dem Konrad I. 1024 zum deutschen König gewählt wurde, erbaut worden ist. Auch hier bietet sich dem Auge die Szenerie der Landschaft vom

Die Niersteiner Warte

Odenwald und der Bergstraße im Osten über die Rheinebene und den Rhein bis weit nach Westen in das Innere von Rheinhessen. Nun wandert man in südlicher Richtung bergab in einer großen Schleife nach Nierstein. Man kommt zum Rathaus und zum Naturhistorischen Museum (Paläontologisches Museum). Von hier aus geht es nach links zum Rheinufer und nach rechts zum Bahnhof von Nierstein (Rückfahrt mit der Bahn nach Nackenheim stündlich. – Wer zu Fuß nach Nackenheim zurück möchte, kann auch auf dem europäischen Rhein-Radweg 4 km nach Nackenheim zurückwandern.)

4.4 Alzey: Zum Wartbergturm und durch das Mühlental des Weidasser Baches (12 km)

Die Wanderung bietet einige Überraschungen. Zunächst gilt das Augenmerk der Kreisstadt Alzey, deren Anfänge bereits in der Römerzeit sichtbar werden. Das Stadtbild des Mittelzentrums ist geprägt von historischen Gebäuden, Plätzen und Wegen, die den besonderen Charme der Kleinstadt ausmachen. Der Hausberg von Alzey, der Wartberg, trägt einen hohen Turm, von dem man weit ins Land schauen kann. Weiter unten, im Tal des Weidasser Baches, erwandert man vier alte Mühlenhöfe, die zwar noch Idylle ausstrahlen, aber schon längst kein Getreide mehr mahlen.

Ausgangspunkt
Alzey, Bahnhof.

Karten TK 1:50 000 Wander- und Radwanderkarte "Mainz und Rheinhessen";
TK 1:25 000 "Wandern in der Rheinhessischen Schweiz" des Zweckverbandes Rheinhessische Schweiz, Blatt 6214 Alzey.

Anfahrt ÖPNV: Bahn von Mainz nach Alzey, ebenso von Worms und Bingen. Auto: A 63 von Mainz oder Kirchheimbolanden, A 61 aus Richtung Worms oder aus Richtung Bingen, alle Ausfahrt Alzey, nach rechts geradeaus, dann Rechtskurve und links zum Bahnhof.

Wanderstrecke (12 km): Alzey Bahnhof – Alzey Innenstadt (0,5 km) – Wartbergturm (2 km) – Kettenheim Schlossmühlenhof (2 km) – Wiesenmühle (1 km) – Katharinenmühle (1,5 km) – Hessensteigermühle (1 km) – Weidassermühle (1 km) – Dautenheim (0,5 km) – Alzey Römerkastell (2 km) – Alzey Schloss (0,5 km) – Alzey Rossmarkt (0,5 km) – Bahnhof (0,5 km).

Beschreibung des Wanderweges
Vom Bahnhof Alzey aus geht es zuerst den steilen Bahnberg hinunter. Geradeaus gelangt man in die Antoniterstraße. Der Name macht deutlich, dass es in Alzey einst ein Antoniterkloster gab. Dann kommt man in dieser Straße zum Museum der Stadt Alzey. Es ist im mittelalterlichen, später umgebauten Spital untergebracht. Das Museum ist sehr gut ausgestattet mit vielen Funden der tertiären Meeresablagerungen, u.a. Seekuhskeletten, Haifischmäulern und –zähnen, Austern, Muscheln und Fossilien jeder Art. Es gibt weiter zahlreiche Funde aus der Hallstatt- und Latènezeit aus Alzey und Umgebung, sowie Alzeyer Wohnausstattungen durch die Jahrhunderte. Alles ist informativ präsentiert. Im Museum befindet sich auch die Touristik-Information. Weiter geht es in der Antoniterstraße zum Rossmarkt mit dem Weinbrunnen und dem Gaul des Nibelungen Volker von Alzey als Motiv, geschaffen von Professor Gernot Rumpf. Hier und auf dem benachbarten Fischmarkt mit dem Undinenbrunnen von Karlheinz Oswald kann man innehalten und die Geschichte der Stadt vor dem Rathaus aus der Renaissance erkunden. Seit der Zeit der Kelten und der Römer ist der Ort besiedelt, was wohl auch der Fruchtbarkeit des Landes zu verdanken ist. An die beiden Plätze schließt sich der Obermarkt an, der durch seine Größe die zentrale Bedeutung Alzeys für das Umland ermessen lässt. An der Südseite steht die spät- und neugotische Evang. Pfarrkirche, ehemals St. Nikolaus. Man geht wieder zurück zu dem von Fachwerkhäusern umstandenen Fisch- und Rossmarkt und dann auf der rechten Seite seitlich rechts durch die schmale St. Georgenstraße hinauf zur Kaiserstraße, wo man das alte Alzey verlässt.
In die belebte Kaiserstraße biegt man nach rechts ein. Man geht auf der rechten Seite bergauf, überquert die Bahnlinie Alzey-Worms, tangiert das Stadion und wandert

weiter auf dem rechten Fußgängerweg bis vor den Umsetzer und die beiden Wasserhäuschen, wo man die Straße nach links überquert (Vorsicht!). Man gelangt in ein für Rheinhessen typisches Wäldchen und folgt dem Zeichen Gelbes Kreuz, das hinauf zum Wartbergturm (275 m) führt. An dieser Stelle stand schon vor über 500 Jahren eine Warte, ein Ausguck, der die Straße Mainz – Alzey – Kaiserslautern – Metz – Paris und die Umgebung von Alzey überwachte. Der jetzige, weithin sichtbare Turm wurde vor einigen Jahren an Stelle eines eingestürzten Vorgängers errichtet. Von oben kann man weit in die Landschaft schauen und bis zu 25 Dörfer zählen.

Den Turm verlässt man in südlicher Richtung und biegt in den nächsten Weg nach links ein. Wo dieser endet, geht man den Querweg nach rechts, der zum Kettenheimer Weg führt. Auf diesem Weg geht man durch die Weinberge der Lage Wartberg, Großlage Sybillenstein, hinunter zur Bahnunterführung und hinein nach Kettenheim, das man in der Alzeyer Straße erreicht. Im Ortsmittelpunkt steht das Rathaus, ein schmucker Fachwerkbau aus dem Jahre 1686. Auf einem Balken ist der Satz eingraviert: "Gott gebe Glück und segne unser Land. Bewahr uns vor Krieg und Feuersbrand". Daneben steht die Evang. Kirche mit einem romanischen Chorturm und einem Renaissance-Portal. Das Kirchenschiff ist 1816 mit den Steinen des nahegelegenen ehemaligen Klosters Weidas erneuert worden. In der Ortsmitte liegt auch die frühere großräumige Schlossmühle, heute das Weingut Schlossmühlenhof.

Durch die Raiffeisenstraße geht man zur Weidasserstraße. Geradeaus gelangt man mit dem Weidasser Bach zur Wiesenmühle mit ihrem alten Baumbestand. Die Mühle ist privat. Weiter geradeaus kommt man zur B 271, der man links auf einem Grasweg etwa 200 m folgt. Dann überquert man vorsichtig die Straße zur anderen Seite, wo ein Weg durch die Unterführung der Bahnlinie Worms–Alzey führt. Hinter dem Viadukt geht man gleich nach rechts hinunter zur Katharinenmühle, die sich allerdings in zerfallenem Zustand befindet. Zurück an der Unterführung biegt man rechts ab in den Feldweg, der durch die Auen des Weidasser Baches zur nächsten Mühle, der Hessensteigermühle führt. Sie ist gut erhalten und in Privatbesitz. Nun geht es unter der Autobahn A 61 hindurch zur einstigen Weidassermühle (ebenfalls privat), die zum 1551 aufgehobenen Zisterzienserinnenkloster Marienborn (Weidas) gehörte. Vom Kloster ist nichts mehr zu sehen. Nun ist es nicht mehr weit nach Dautenheim, das man in der Mühlstraße erreicht. Dort biegt man nach links ab auf den Fußweg der Weidasser Straße, die nach kurzem Anstieg wieder abwärts nach Alzey führt.

An der großen Ampel überquert man die Dautenheimer Landstraße und die Dr. Georg-Durst-Straße, um dann schräg links in die Jean-Braun-Straße einzubiegen. Jean Braun war der Entdecker des Römerkastells, zu dem man nach ca. 250 m kommt. Das Kastell stammt aus spätrömischer Zeit, errichtet unter Kaiser Valentinian. Vorher war bereits der vicus Altiaiensis da. Es ist nur ein Teil der Grundmauern des Kastells zu sehen. Immerhin betrug seine Seitenlänge 165 m, und es hatte 14 Rundtürme. Der Neubau des Alzeyer Gymnasiums steht ebenfalls auf römischem Kastellboden. Vor dem Kastell geht man auf der anderen Straßenseite am Parkplatz vorbei und gelangt zu einem Brunnen, wo man halblinks auf einem schmalen Weg zur stark befahrenen Römerstraße kommt. Die Straße wird an der Ampel überquert, und man kommt zum Stadthaus, das am Schießgraben liegt. In dieser Straße geht man nach rechts zum Schillerplatz und nach links zum Schloss. Die Burg war der Kern einer fränkischen Siedlung, später wurde sie zum Schloss und Amtssitz der kurpfälzischen Verwaltung ausgebaut, aber im pfälzischen Erbfolgekreig 1689 eingeäschert. Der Neubau dient heute als Amtsgericht. Weiter geht es links durch ein Tor der ehemaligen Stadtbefestigung in der Volkerstraße zum Burggrafiat, das bis zum Ende des 18. Jhs. Sitz des Burggrafen war. Heute ist es kulturelles und soziales Zentrum der Stadt. Gegenüber liegt das Weingut der Stadt Alzey, das aus einer Stiftung herrührt. Nach 100 m gelangt man zum Rossmarkt, genießt die Atmosphäre des Platzes und geht durch die Antoniterstraße zurück zum Bahnhof.

4.5 Von Trullo zu Trullo in der "Rheinhessischen Schweiz" (15 km)

"Was ist ein ‚Trullo'?" wird man fragen. Kaum einer weiß darauf eine Antwort zu geben. Vielleicht Italienreisende, die einmal in Apulien waren und dort seltsame, runde und kegelförmige Gebäude in Dörfern, auf den Feldern und in den Weinbergen gesehen haben. Es gibt sie auch bei uns, die Trulli in der "Rheinhessischen Schweiz". Denn vor 250 Jahren sollen italienische Gastarbeiter in der Gegend von Flonheim und Wendelsheim gewesen sein und ihre heimatlichen Rundbauten hier in den Weinbergen nachgeahmt haben. Sie kann man heute noch sehen. Auch wenn die Geschichten um die ‚Trulli' so nicht stimmen mögen, bleiben wir bei dem Bild in der Phantasie. Aber nicht nur Trulli werden erwandert. Es gibt hier auch Steinbrüche – sogar aus römischer Zeit – , Mühlen im Tal des Wiesbaches und sehr viele Weinberge, durch welche die Wege kilometerlang ziehen.

Ausgangspunkt Flonheim, Marktplatz.
Karten TK 1:50 000 Wander- und Radwanderkarte "Mainz und Rheinhessen"; TK 1:25 000, Blatt 6214 Alzey; "Wandern in der Rheinhessischen Schweiz" des Zweckverbandes Rheinhessische Schweiz (Wöllstein, Tel. 06703-302-0).
Anfahrt A 63 bis Ausfahrt Erbes-Büdesheim, L 409 bis Wendelsheim (Ortsanfang), rechts L 407 nach Uffhofen, Flonheim Ortsmitte, oder aus Richtung Mainz Ausfahrt Biebelnheim, L 408 Kreisel B 271 zwischen Ensheim und Albig, Bornheim, Flonheim.
Wanderstrecke (15 km): Flonheim – Schauinsland (1,5 km) – Donnersbergblick (1 km) – Trullo "Weißes Häuschen" (2 km) – Trullo bei der Geistermühle (1 km) – Wendelsheim, Alter Bahnhof (2 km) – Rundpavillon mit Weinbergmauer (1 km) – nächster Trullo (0,5 km) – Uffhofen, Friedhof (2 km) – Flonheim (3 km).

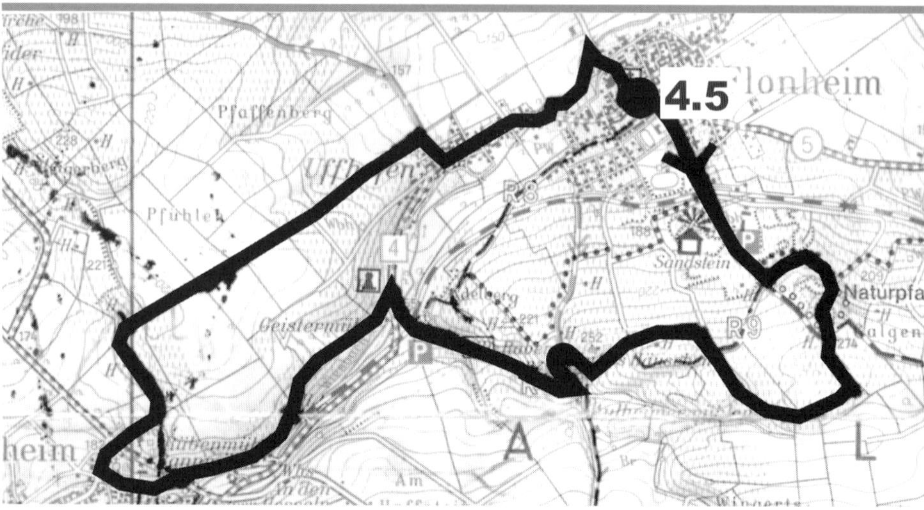

Beschreibung des Wanderweges

Die Wanderung beginnt auf dem Marktplatz von Flonheim in der Ortsmitte. Hier stehen alte Fachwerk- und Steinbauten rund um den neugestalteten Brunnen vor der neugotischen Hallenkirche, der auch "Dom der Rheinhessischen Schweiz" genannt wird. An der Nordostecke des Platzes steht das alte Rathaus mit einer Arkade. Dort ist auch das ehemalige Ortsgefängnis zu sehen. Flonheim gehörte früher zum großen Teil zur Raugrafschaft Alten- bzw. Neubamberg und es gab hier bis ins 16. Jh. ein kleines Augustinerkloster. Es geht in der Alzeyer Straße rechts am Rathaus vorbei bis zur Bahnhofstraße. Man bemerkt hier vornehme Häuser, die aus "Flonheimer Sandstein" gebaut sind, wie etwa die Schule und kleine Villen. Der Sandstein ist zumeist von gelbbräunlicher Farbe mit schlierenförmig eingelagerten dunkleren Bestandteilen aus Eisendioxyd. Der Stein wurde überall in Deutschland verwendet. In der Bahnhofstraße bergan steigend, passiert man die ehemalige Eisenbahnbrücke und gelangt zum Ausflugslokal und Spielplatz Schauinsland. Hier beginnt der Natur- und Waldlehrpfad, der zunächst zu einem aufgelassenen großen Steinbruch führt. Solche Steinbrüche gab es früher etliche, als noch die Steinindustrie in Flonheim florierte. Den Anfang setzten bereits die Römer. Der Lehrpfad schwingt sich mit schönen Ausblicken auf die Landschaft ("Rheinhessenblick") hinauf zum Sedansplatz, der mitten im Landschaftsschutzgebiet liegt. Und weiter geht es zur am Waldrand gelegenen Schutzhütte Donnersbergblick (271 m). Von hier aus genießt man die Aussicht über die südliche Rheinhessische Schweiz, und der Blick schweift bis zum Donnersberg (687 m) in der Nordpfalz.

Jetzt führt der Weg geradeaus in südlicher Richtung etwa 400 m bis zum nächsten Weg, der nach rechts abbiegt. Er führt im Bogen durch die Weinberge der Großlage Adelberg. Nach dem Gedenkstein nimmt man den nächsten Weg links, der zur Schutzhütte Eibach Wäldchen führt. Dort geht man geradeaus weiter und gelangt zum ersten Trullo, dem Weißen Häuschen auf dem Schneeberg. Dr. Wolfgang Bickel hat das Weinbergshaus ausführlich beschrieben: "Einheitlicher Bau mit hoher Spitzkuppel. Fünf hoch angesetzte Fensteröffnungen, von denen drei zwischenzeitlich vermauert wurden, nach innen hin verbreitert. Vier giebelförmige Öffnungen in der Kuppel, Bekrönung durch Kuppelknauf. Türöffnung nach Süden hin .... Auf dem Türsturz Inschrift ‚17 HZ 56'. Initialen und umlaufende Bank weisen das Haus als privates Weinberghaus aus, das auf den gleichzeitigen Aufenthalt von bis zu zehn Personen angelegt ist" (Bickel, W. 2002, S. 62/63). Im Innern kann man auf der Bank Platz nehmen und das unregelmäßige und spitz zulaufende Gewölbe betrachten. Das weiße Weinberghaus hat seinen Namen von seinem weißen Anstrich, der zwar oft verwittert, aber regelmäßig erneuert wird. Der Ausblick hier ist rundum schön.

Trullo auf dem Schneeberg bei Flonheim

Rechts vom Trullo führt der Weg steil abwärts durch die Weinberge. Nach 200 m stößt man auf einen Querweg, dem man nach links in Kurven abwärts folgt bis zum Aulheimer Bachtal. Dort wandert man nach rechts auf dem Weg talabwärts unterhalb der "Rabenkanzel". In den Heckenrosen- und Ginsternbüschen tummeln sich Nachtigallen, Singdrosseln und Meisen, und die Flora mutet südländisch an. Am Ende des Weges passiert man beim Parkplatz die Schienen der ehemaligen Bahnlinie Armsheim – Flonheim - Wendelsheim, geht dann kurz rechts auf der Landstraße, um bei der Geistermühle nach links auf den Weg in die Weinberge zu wandern. Man sieht rechts den zweiten Trullo in der Uffhofener Steinkaut am Wegesrand stehen. Er ist etwas gedrungener als das Weiße Häuschen. Die dicke Eisentür, ähnlich der Tür eines spitzkuppeligen Luftschutzbunkers, ist nicht zu öffnen, aber man kann durch die Luken in das Innere des Trullos hineinschauen. Nun geht man geradeaus auf dem Feldweg weiter am Talhang entlang durch die Weinberge der Lage La Roche. Links unten im Tal sieht man hinter der Geistermühle wieder einen Rundbau à la Trullo, jedoch es handelt sich um ein Brunnenhaus, das in dieser Form angelegt ist. Man wandert den Weg weiter bis zum Ende und dann mit einem Links-Rechts-Schwenk zum Pfad zwischen Weinberg und Hecke an der Abbruchkante zum Wiesbachtal. Man sieht einen Hochstand, auf den man zusteuert. Kurz darnach erblickt man links im

Gestrüpp von Brombeerhecken einen weiteren Trullo im Rembis. Er liegt bereits in der Wendelsheimer Gemarkung und es gibt leider keinen Weg dorthin. Weiter geradeaus gehend, kommt man über eine Wiese zu den ersten Häusern von Wendelsheim. Man stößt auf die Landstraße, der man auf dem Bürgersteig links folgt bis zur Bahnhofstraße.

Um in den Ortskern von Wendelsheim zu gelangen, biegt man nach rechts in die Bahnhofstraße ein (über Wendelsheim vgl. Tour 1.1). Man schlendert am Finkenbach entlang, kommt zum ehemaligen Bahnhof mit Kiosk und dann nach Unterwendelsheim. Ein Abstecher in die Ortsmitte empfiehlt sich. Nach rechts kommt man in die Donastraße, vorbei an der meist verschlossenen Kirche, überquert die L 409 und geht geradeaus in die Straße "In der Hohl". Man schlägt den nächsten Weg links ein und gelangt zu einem besonderen Wingert. Von weitem sieht man schon die Mauern und einen runden Pavillon (19. Jh.). Durch einen Mauereinlass gelangt man in den Wingert und geht entlang der Mauer zum Weinbergshaus. Eine Treppe führt hinauf auf die Plattform, von wo aus man Wendelsheim und seine Umgebung überschauen kann. Das Gebäude wurde renoviert und 2001 von der Weinbruderschaft Rheinhessen prämiiert. Man kann sich gut vorstellen, dass man hier zur Weinlesezeit auch ein Herbstfest feiert. Die starken Mauern schützen vor kalten Nordwinden und erwärmen den Wingert.

Man geht zurück zum Einlass, kommt wieder auf den Weg und geht ihn nach links weiter bis zum Querweg. Dort biegt man rechts ab. Nach etwa 100 m führt links ein Weg zum nächsten Trullo auf der Heide. Er liegt mitten im Weinberg und ist mit der Jahreszahl 1743 der älteste Trullo. Da er einzustürzen drohte, wurde er originalgetreu restauriert. Wieder auf den Weg zurückgekehrt, geht es nun über die Hochfläche des Steigerberges. Wenn man genau hinschaut, entdeckt man hier Steine unterschiedlicher Art: gelbe, weiße, grüne, rote – kantige, flache, kugel- und eiförmige Steine. Als das Meer über dem Rheingraben und über Rheinhessen lag, wurden Geröllsteine von weit her angespült und blieben hier liegen. Weiter westlich am Steigerberg ist noch ein in Deutschland einzigartiges Brandungsriff im Rhyolit ausgegraben, vorerst aber wegen der drohenden Erosion wieder zugeschüttet worden. In der Gemarkung Rabengewann macht der Weg einen Rechts-Links-Schwenk, um dann geradeaus – an Kirschbaumplantagen vorbei – nach Uffhofen zu ziehen.

Am Ortseingang von Uffhofen sollte man sich den alten Friedhof an der Kirche ansehen. Seit 1931 ist er Kulturdenkmal, weil dort die Grabsteine aus der früheren Manufaktur der Flonheimer Sandsteinindustrie stammen. Auch gibt es im Kellerweg beim Friedhof noch acht unterirdische Keller, die heute zum Teil noch in Gebrauch sind. In der Hauptstraße geht man nach links durch den Ort bis zur Brücke, überquert den Wiesbach und folgt ihm abwärts auf einem schönen Auenweg, der zur Wassergasse von Flonheim führt. Dieser Straße folgt man nach rechts bis zum Ausgangspunkt der Wanderung zurück.

5.1 Entlang Napoleons Schnellstraße I (von Mainz nach Nieder-Olm) (12 km)

Im Raum Mainz gibt es mehrere Straßen, die historischen Wegen folgen. Dazu gehören die beiden unter Napoleon angelegten schnurgeraden Schnellstraßen, die bereits die Römer quasi “vorgespurt” hatten. Römer- und Napoleonsstraßen dienten in erster Linie militärischen Zwecken, um schnell Truppen und ganze Legionen und Armeen auf ihnen vor- oder rückwärts bewegen zu können. Aber auch als Handelsstraßen waren sie von größter Wichtigkeit. Letztlich dienten sie der Verbindung von Ort zu Ort, sei es als Verwaltungsstraßen oder als Straßen der persönlichen Begegnung oder der Wanderschaft, denn nicht jeder konnte sich ein Pferd zum Reiten oder einen Wagen zum Fahren leisten – und so ging man hauptsächlich zu Fuß. Das galt auch für die Straße, die in der Römerzeit von Mainz (Castellum Mogontiacum) in die Provence führte, über Nieder-Olm–Alzey (Castellum Altiaiensis) - Metz – Toul – Langres – Dijon – Lyon. Napoleon ließ diese Straßen in Richtung Paris über Metz und Reims verbessern und schneller machen. Ihr Verlauf ist bis heute so geblieben, auch wenn aus dem größten Teil der Straßen Bundesstraßen, Nationalstraßen oder gar Autobahnen geworden sind. Unsere Beschreibung hält sich eng an die vorgebenen Straßenzüge, allerdings mit kleinen, für das Fahrrad tauglichen Abweichungen.

Ausgangspunkt
Mainz, Gautor.
Karten TK 1:50 000 Wander- und Radwanderkarte “Mainz und Rheinhessen”; TK 1:25 000 L 6114 Mainz; TK 1:15 000, Stadtplan Mainz (bis Nieder-Olm).
Anfahrt Aus Mainz-Innenstadt zum Gautor.
Fahrtstrecke (12 km): Mainz, Gautor – Pariser Straße – Wildgraben – Alte Ziegelei (3 km) – Marienborn (Chaussee-Haus) (3 km) – Kastell Pfaffenstein/Gewerbegebiet Klein-Winternheim (2 km) – Klein-Winternheim (1 km) – Nieder-Olm (3 km).

Beschreibung des Radtourenweges
Vom Gautor in Mainz fährt man auf dem Radweg der Straße “Am Gautor” am Fichteplatz vorbei in die Pariser Straße. Schon der Name der Straße lässt die Bedeutung einer Straßenverbindung nach Frankreich erahnen. Entlang dieser Straße kommt man am Sportgelände des traditionsreichen Mainzer Turnvereins von

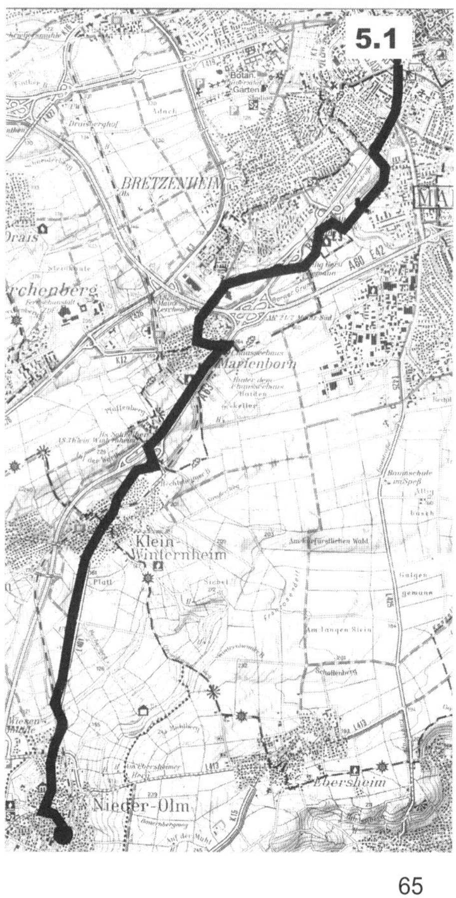

Das Chausseehaus bei Marienborn

1817 vorbei. An den letzten Häusern von Mainz führt der Radweg rechts hinunter in das Tälchen des Wildgrabens. Links unter der Schnellstraße hindurch fährt man am Wildgraben entlang auf dem abgesetzten Landwirtschaftsweg. Schon taucht der Schornstein der Alten Ziegelei auf, den man als Orientierungspunkt ansteuert. Die Alte Ziegelei, an der Pariser Straße gelegen, ist in ihrer Substanz mit dem ringförmigen Brennofen und den Trockenschuppen noch gut erhalten. Es empfiehlt sich eine Besichtigung. Heute befinden sich Spielplätze, eine Fahrradreparaturwerkstatt der ASM Mainz, Künstlerwerkstätten, eine Theaterwerkstatt und eine Goldschmiede der Mainzer Volkshochschule auf dem Gelände.

Zum Eingang zurückgekehrt, radelt man auf dem Wirtschaftsweg etwa 250 m, um dann nach rechts auf einem schmalen Weg in das Gelände der ehemaligen Tongruben abzubiegen. Durch dieses auch botanisch interessante Areal (bitte nicht vom Weg abweichen!) gelangt man über eine Böschung zu dem Weg, der entlang der Schnellstraße, dann rechts durch die Unterführung in der Haifa-Allee in das Bretzenheimer Gewerbegebiet führt, denn man muss hier von der Schnellstraße abweichen. Man fährt bis zur Mercedesstraße, in die man nach links einbiegt, und auf dem Radweg über die Brücke der A 60 in die Ortsmitte von Marienborn. Dort radelt man links in die Straße "Am Haidenkeller" und geradeaus aufwärts bis zur Autobahn A 63. An der Lärmschutzmauer wendet man sich nach links, dann nach 100 m nach rechts über die Brücke und gelangt zu dem historisch bedeutsamen Chausseehaus bei Marienborn.

Das Chausseehaus war in der Kurmainzer Zeit eine Zoll- und Pferdewechselstation an der Straße nach Paris. Hier zogen die Revolutionstruppen der französischen Armee 1792 unter General Custine in Richtung Mayence und nach der Belagerung und Einnahme der

Stadt durch die vereinigten Truppen unter Führung Preußens wieder zurück. Johann Wolfgang von Goethe war damals zwischen dem 17. und 27. Juli 1793 im Chausseehaus, dem Quartier seines Landesherrn, des Herzogs von Weimar. Er berichtete später in seiner "Belagerung von Mainz" über den Auszug der geschlagenen französischen Truppen samt Mitgliedern der Clubisten der Mainzer Republik mit Georg Forster an der Spitze. Die Franzosen sollten aber 1798 nach der Abtretung des linken Rheinufers wieder am Chausseehaus vorbeimarschieren und Mainz kampflos besetzen. Napoleon hat auf seinen Heereszügen des öfteren diese Straße benutzt, um in Mainz, der Hauptstadt des Départements Mont Tonnerre, Quartier zu nehmen.
Man fährt zurück über die Autobahnbrücke und schlägt gleich links den Radweg entlang der Lärmschutzwand ein. In einem Bogen kommt man zur Altkönigstraße, die als K 12 bzw. K 51 leicht ansteigend hinauf nach Klein-Winternheim am Berg (ehem. Castell Pfaffenstein) zieht. Es handelt sich hier um die alte Pariser Straße, die als wenig befahrene Straße neben der Autobahn verläuft. Oben angekommen, biegt man nach links auf die Straße ein, die mit Radweg über die Autobahn führt. Am Ende trifft man auf einen Kreisel, den man im Viertelkreis abfährt, um dann auf dem Radweg bergab nach Klein-Winternheim zu rollen. Das Dorf wird geradeaus durchfahren, und dann geht es schnurgerade weiter auf dem Radweg der einstigen Napoleonstraße, zuletzt durch den Viadukt der Bahnlinie Mainz-Alzey nach Nieder-Olm.
Die Radtour entlang der historischen Straße endet hier, denn eine Weiterfahrt in Richtung Alzey ist wegen des starken Fahrzeugverkehrs nicht möglich. Die Rückkehr nach Mainz kann man mit der Bahn vom Bahnhof Nieder-Olm oder mit dem Fahrrad durch die Mühlstraße und den Mühlweg auf dem Landwirtschafts- und Weinbergweg – steiler ansteigend – nach Ober-Olm durchführen. Von dort geht es durch die Draiser Straße entlang dem Radweg der L 427 nach Mainz-Lerchenberg, das man am alten Forsthaus erreicht. Auch hier weilte Goethe zu Besuch. Geradeaus bis vor den kleinen Sportplatz, und man biegt nach rechts in einen autofreien Weg ein, der zum Sportplatz führt und weiter durch die Lortzingstraße zur Brucknerstraße. Von dort kann man links an der Polizei vorbei (Straßenschild beachten) auf den markierten Radwegen nach Mainz-Bretzenheim oder rechts auf dem Radweg entlang der L 426, vorbei am ZDF (Zweites Deutsches Fernsehen) ebenfalls nach Bretzenheim und weiter nach Mainz radeln.

5.2 Entlang Napoleons Schnellstraße II (Von Mainz nach Ingelheim) (15 km)

Bereits die Römer bauten eine Straßenverbindung zwischen ihrem Legionslager Mogontiacum (Mainz) und dem Cohortenlager Bingium (Bingen). Auch hier gilt, was im Buch "Die Römer in Rheinland-Pfalz" (hrsg. von Heinz Cüppers, Stuttgart 1990) zu lesen ist: "Das römische Straßennetz reicht bis in die heutige Zeit. Eine große Zahl moderner Straßen liegt auf antiken Trassen, andere werden als Feld- und Waldwege noch heute genutzt" (S.263). So verhält es sich auch mit dieser Straße. Wegen der Gefahren von Sümpfen und Überschwemmungen zogen sie nicht am Rhein entlang (der Rhein war den Schiffen vorbehalten), sondern von Mainz her zunächst über die nördlichen Ausläufer des ostrheinhessischen Plateaus nach Finthen (Fontana) und am späteren Wackernheim vorbei geradewegs hinunter nach Ingelheim. Auch in Ingelheim sind römische Bauten nachgewiesen.

Ab Ingelheim wurde die gerade Straße in der Ingelheimer Rheinniederung in tieferen Lagen weitergeführt. Napoleon ließ seine Heeresstraßen auf den inzwischen auch im Mittelalter und in der Neuzeit befestigten Straßen weiter ausbauen, und an einer Stelle oberhalb von Ingelheim nach Wackernheim zu beim Hotel-Restaurant Multatuli ist noch ein Obelisk als Denkmal für Napoleon zu sehen.

Ausgangspunkt Mainz, Hauptbahnhof.
Karten TK 1:50 000 Wander- und Radwanderkarte "Mainz und Rheinhessen"; TK 1:25 000 Blatt 6015 Mainz, Blatt 6014 Ingelheim; 1:15 000 Stadtplan Mainz.
Anfahrt Ausgangspunkt Mainz Hbf.
Fahrtstrecke (15 km): Mainz Hbf – Universität (1 km) – Finthen (4 km) – Wackernheim (5 km) – Ingelheim Bahnhof (5 km).

Das Napolon-Denkmal zwischen Wackernheim und Ingelheim gegenüber dem Haus des niederländischen Schriftstellers Multatuli d.i. Eduard Douwe Dekker

Beschreibung des Radtourenweges

Vom Hauptbahnhof in Mainz fährt man auf dem Radweg nach rechts über die Brücke in die Binger Straße und benutzt deren Radweg, der durch die Saarstraße hinauf zur Universität führt. Vor der Universität wechselt man bei den beiden Ampeln die Straßenseite und fährt in die Universität hinein. Die Universität ist die Nachfolgerin der alten kurfürstlichen Universität. Sie wurde 1946 nach dem 2. Weltkrieg 1946 als Johannes Gutenberg-Universität gegründet und in einer ehemaligen Flak-Kaserne untergebracht, deren Gebäude beim Eingang in das Universitätsgelände im Forum noch intakt sind und das Präsidialamt, die beiden Theologischen Fakultäten und das Auditorium beherbergen. Geradeaus geht es

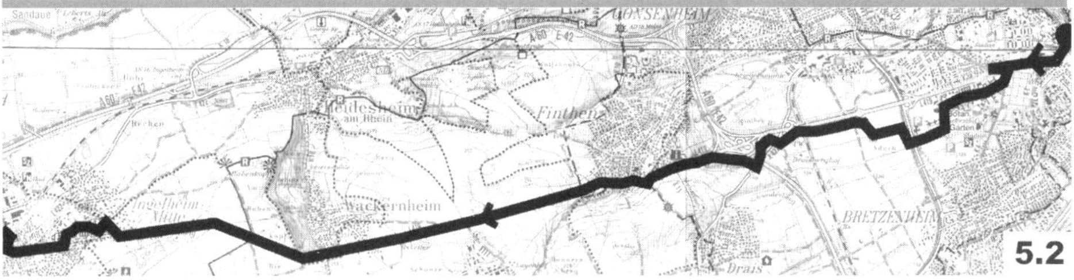

durch den zweiten Torbogen im Jakob-Welder-Weg vorbei an den neuen Gebäuden der Wirtschafts- und Rechtswissenschaften und der Universitätsbibliothek bis zur neuen Mensa. Dort biegt man nach links ab in den Staudinger-Weg und fährt dann nach rechts in den Ackermannweg und “zum Tor hinaus” auf die Koblenzer Straße, die man mit der Ampel überquert.

Auf der anderen Seite fährt man die Böschung hinauf, oben nach rechts und nach 100 m nach links, dann wieder nach rechts zu dem Weg, der unterhalb der vierspurigen Saarstraße später über die Bahnlinie zur Straße Gonsenheim – Drais, der L 427, führt. Diese überquert man vorsichtig in den breiten asphaltierten Weg hinein, der im linken Bogen wieder zur L 427 zurückführt. Gleich rechts geht es über die Brücke der A 60 und wieder rechts im Bogen zur Straße Mainz – Finthen. Hier muß man vorsichtig das letzte Stück der stark frequentierten L 419 befahren. Man durchquert auf der Kurmainzstraße, später auf der Flugplatzstraße geradewegs Mainz-Finthen. Entlang der L 419 geht es außerhalb von Finthen auf dem neuen abgesetzten Radweg nach Wackernheim. Am Ortsende von Wackernheim biegt man links in den Landwirtschaftsweg ein, der zunächst noch nicht asphaltiert ist. Man biegt dann nach rechts in den nächsten asphaltierten Weg ein, der wieder zur L 419 führt. Vorsicht ist bei der Überquerung zur anderen Straßenseite geboten. Dann geht die Fahrt auf der noch nicht mit einem Radweg versehenen Straße weiter zum Hotel-Restaurant Multatuli, wo einst der holländische Schriftsteller Eduard Douwe Dekker schrieb und lebte (Gedenktafel am Haus). Gegenüber steht ein Obelisk, der auf die Vollendung der Straße in der Zeit Napoleons zurückgeht. Darauf steht geschrieben:

STRASE KARLS DES GROSEN – VOLLENDET IM 1. JAHRE DER REGIERUNG NAPOLEONS, KAISERS DER FRANKEN UNTER DER SORGFALT DES HERRN JEANBON ST-ANDRE PREFECTEN DES DEP. VOM DONNERSBERG.

Der Obelisk bezieht sich in einer weiteren Inschrift auf das Jahr 1807 und in einer Huldigung zur Hochzeit Napoleons mit der österreichischen Kaisertochter Marie-Louise auf das Jahr 1810. Hier sollte man noch die schöne Aussicht auf den Rheingau genießen und dann in schneller Abfahrt nach Ingelheim rollen, zuerst zur Kaiserpfalz, dann zum Sebastian-Münster Denkmal, evtl. mit Abstecher nach Ober-Ingelheim, alles wie in 1.4 “Stadterkundung in Ingelheim” beschrieben.

Die Rückfahrt kann mit der Bahn geschehen, oder man fährt nach Ingelheim-Nord/Frei-Weinheim und dort auf dem ausgewiesenen Rheinuferweg, wie beschrieben in 3.1, zurück nach Mainz.

5.3 Gaustraße und Römerstraße im Gebiet der Berggemeinden westlich Guntersblum (16 km) *Radtour oder Wandertour*

Die Gaustraße ist zwischen Mainz und Worms eine schon von alters her bekannte Straße. Sie beginnt in Mainz mit der Gaustraße zwischen Schillerplatz und dem Gautor und endet in Worms ebenfalls mit einer Gaustraße. Der Name "Gau" ist seit Karl dem Großen eine Bezeichnung für ein bestimmtes, politisch abgegrenztes Gebiet, Teil einer "Mark", an deren Spitze ein Gaugraf bzw. ein Markgraf steht. Eine weitere Bedeutung gibt es im Sinne von Gau als "Land", vor allem fruchtbarem Land. Daher sind in Rheinhessen eine Reihe von Ortschaften zu finden, die mit "Gau" beginnen, wie Gau-Odernheim, Gau-Algesheim, Gau-Heppenheim, Gau-Weinheim usw., um die betreffenden Ortschaften abzugrenzen von gleichnamigen Ortschaften in der Nähe, wie z.B. Gau-Algesheim – Wald-Algesheim, Gau-Odernheim – Odernheim, Gau-Heppenheim – Heppenheim an der Wiese usw.. Auch findet sich die Bezeichnung "Gau" in Landschaften wie Rheingau oder Allgäu. - Die Gaustraße ist in diesem Sinne eine Straße, die durch das fruchtbare Land (in Rheinhessen) zieht und die Ortschaften miteinander verbindet. In den Zeiten des Hochwassers bildete die Gaustraße eine sichere Verkehrsverbindung im Unterschied zu Ortschaften in tieferen Lagen, die überschwemmt wurden. Die Römer wussten diese Situation ebenfalls einzuschätzen und bauten ihre Straße auf den rheinhessischen Plateaus aus. So konnten die Gaustraßen dann oft römische Verkehrswege in ihr Straßensystem einbeziehen. – In dieser Routenbeschreibung sind im Bereich der Gaustraße Ortschaften wie Weinolsheim, Dolgesheim, Hillesheim, Dorn-Dürkheim, Eimsheim und Uelversheim einbezogen. Doch wer kennt sie zum Beispiel in Mainz? Oder die ehemalige Römerstraße zwischen Weinolsheim und Bechtheim, die auch als "Mainzer Straße" oder "Heeresstraße" durch die Gemarkungen zieht? Also, auf und dorthin!

Ausgangspunkt
Weinolsheim, Dorfplatz.
Karten TK 1:50 000 Wander- und Radwanderkarte "Mainz und Rheinhessen"; TK 1:25 000 Blatt 6115 Undenheim, Blatt 6215 Gau-Odernheim.
Anfahrt Gaustraße aus Richtung Mainz L 425 über Harxheim – Mommenheim – Selzen – Köngernheim – Friesenheim nach Weinolsheim.
Fahrtstrecke (16 km): Weinolsheim – Dolgesheim (3 km) – Hillesheim (2 km) – Dorn-Dürkheim (1 km) – Heiligenhäuschen (3 km) – Eimsheim (5 km) – Uelversheim (1 km) – Weinolsheim (1 km).

Beschreibung des Tourenweges
Vom Dorfplatz im schmucken Winzerort Weinolsheim fährt man auf dem abgesetzten Radweg links entlang der Gaustraße bis vor Dolgesheim, überquert die Umgehungsstraße und radelt in den Ortskern. Dort findet man ein altes Rathaus aus dem 16. Jh. und große Winzerhöfe. Dolgesheim ist eine sehr alte Siedlungsstätte, wie Heimatforscher herausgefunden haben. Zur Erinnerung hat man im Neubaugebiet Namen wie Keltenstraße, Römerstraße, Gotenstraße, Frankenstraße verankert. Kurz vor dem westlichen Ortsende biegt man nach links ab, um – auf leicht ansteigender Strecke - die Umgehungsstraße zu erreichen.
Am Ortsausgang links steht eine mächtige runde Säule, die an den Ausbau der Gaustraße im Jahre 1831 erinnert und die Ortschaften aufführt, die sich daran beteiligt haben. Weiter geht die Fahrt, jetzt auf dem Radweg rechts der Gaustraße, in den Ortskern von Hillesheim, das ebenfalls gute Winzer-

Radwanderungen

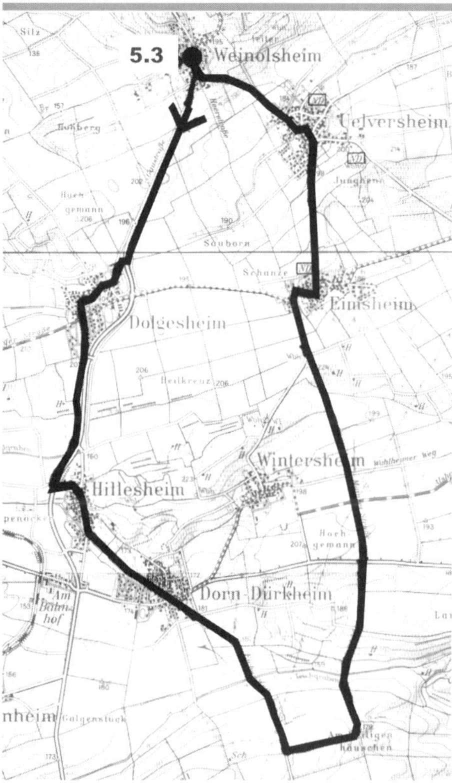

Säule bei Dolgesheim zur Erinnerung an den Bau der Gaustraße Mainz-Worms

höfe aufzuweisen hat. Die Kirche liegt – weithin sichtbar – auf dem höchsten Punkt des Dorfes. Sie war einst eine Wehrkirche und stammt in ihren Anfängen aus dem 14. Jh.. Im Inneren der Kirche gibt es Grabsteine aus der Erbauungszeit und eine Stumm-Orgel aus dem Jahre 1746. Vor der Kirche schaut man weit in die rheinhessische Landschaft hinein. Nun führt der Weg durch die Bahnhofstraße (die Bahnlinie gibt es schon lange nicht mehr), um noch vor dem südlichen Ortsende links in die Dorndürkheimer Straße einzubiegen. Weiterfahrt auf dem Landwirtschaftsweg nach Dorn-Dürkheim. Im Ortsmittelpunkt trifft man auf ein Kriegerdenkmal. Dort fährt man nach links in die Raiffeisenstraße und in die Gemarkung.

Der Weg ist zunächst gepflastert, dann aber auf dem vierten Weg nach links, den man einschlägt, unbefestigt. Nach etwa 800 m erreicht man das Heiligenhäuschen, im Volksmund auch "Heljerhaisje" genannt. Es wurde bereits 1440 urkundlich erwähnt und durch das Kloster Maria Münster zu Worms erbaut. Davor zieht in Süd-Nord-Richtung die Römerstraße, verdeckt durch einen Feldweg. Das Häuschen ist ein Ort, an dem man gern eine Pause einlegen kann und einen Rundblick genießt. Wenn man Glück hat, kann man hier in einsamer Landschaft ein größeres Rudel Rehe sehen, das zur Tränke vor Alsheim zieht. Durch den Hohlweg der Römerstraße geht die Fahrt oder die Wanderung nun weiter in nördlicher Richtung geradeaus, führt über den Teichgraben und bergauf durch die Weinberge der Lage Römerberg, überquert die Stra-

Trasse der Mainzer Festungsbahn am Rabenkopf bei Wackernheim

ße Dorn-Dürkheim – Alsheim und geht weiter durch die Weinlage Sonnenhang zum Winzerdorf Eimsheim mit seinen beiden Kirchen, der katholischen Pirminskirche (Turm spätgotisch) und der neobarocken evangelischen Kirche. Nun fährt man auf der Verbindungsstraße durch die Weinlage Römerschanze nach Uelversheim. Im Ortskern gibt es eine markante, selten zu sehende achteckige Kirche aus dem Jahre 1722. Von hier aus ist es nicht mehr weit zum Ausgangsort Weinolsheim.

Gegenüber dem vormals dichten Eisenbahn- und Straßenbahnverkehrswegenetz bietet Rheinhessen heute nur noch ein dürftiges Gerippe von derartigen Verbindungen. In der Einführung wurde bereits darauf hingewiesen. Die Bahnen trugen richtige "Kosenamen" wie Bawettche, Amiche, Gickelche. Heute existieren in Rheinhessen nur noch die Hauptlinien Mainz-Bingen (-Koblenz) Nr. 471, Mainz-Worms (Ludwigshafen-Mannheim) Nr. 660, Mainz-Bad Kreuznach Nr. 680, Mainz-Wörrstadt-Alzey Nr. 661 und Worms-Alzey-Bingen Nr. 662. Früher gab es noch zwölf weitere Bahnlinien, darunter auch Straßenbahnlinien, z. B. von Bingen nach Büdesheim und Dietersheim, sowie Bad Kreuznach – Bosenheim - Pfaffenschwabenheim – Badenheim – Sprendlingen – St. Johann. Letztere fuhr weit in das rheinhessische Hinterland, wie auch die Eisenbahnlinie Bodenheim – Gau-Bischofsheim – Selzen – Undenheim – Bechtolsheim – Gau-Odernheim – Alzey, die heute größtenteils als Freizeit-Radweg benutzt wird. Eine Besonderheit bot die Festungsbahn von Mainz, die nur neun Jahre bestanden hat.

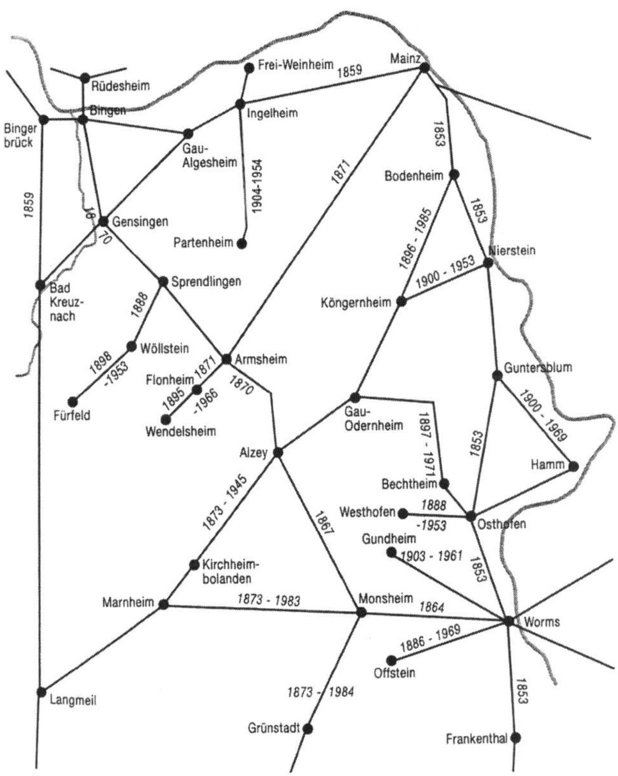

Die früheren Bahnlinien in Rheinhessen; erneut in Betrieb genommen wurde die Linie zwischen Alzey und Kirchheimbolanden

6.1 Die Militärbahn (Festungsbahn) im Vorfeld von Mainz (25 km)

Die Gesellschaft "Schienenarchäologie in Rheinhessen" hat sie wiederentdeckt. Selbst wenn sie in der kurzen Zeit ihres Bestehens kaum bekannt wurde, hat sie dennoch einige Spuren im Vorfeld von Mainz hinterlassen. Sie diente vor allem militärischen Zwekken. Sie versorgte den äußeren Festungsring von Mainz während des 1. Weltkriegs mit Soldaten, Granaten, Geschützen, Fahrzeugen, Pferden, Brennstoff und Lebensmitteln. Die Bahnstrecke begann am Fort Weisenau (heute Volkspark), ging nach Hechtsheim, dann auf der Militärstraße nach Ebersheim, weiter zum Kastell Pfaffenstein, durch den Ober-Olmer-Wald nach Wackernheim und nach Finthen. Die Bahn brauchte jedoch kaum in Aktion zu treten, denn der Krieg spielte sich weit entfernt in Frankreich ab. Auf Befehl der französischen Besatzungsmacht musste sie 1919 demontiert werden. Lediglich auf der Strecke zwischen Gonsenheim-Finthen-Wackernheim fuhr auf einer 1000 mm Schiene die Bahn noch bis 1927. Dann wurde auch sie aufgegeben. Der alte, zerfallene Bahnhof südöstlich von Wackernheim erinnert noch an sie, genauso wie andernorts die "Militärstraße" von Hechtsheim nach Ebersheim, ein Stück Bahndamm mit Sträuchern und Bäumen in der "Franzosendell", ein 100 m langes Stück westlich der K 51-neu zwischen Pfaffenstein und Lerchenberg, die Forsthausstraße im Ober-Olmer Wald und die Rabenkopfstraße westlich von Wackernheim. Die Trassen sind zum Teil Landwirtschafts- oder Forstwirtschaftswege, oder sie sind in der landwirtschaflichen Strukturreform schon sehr früh untergegangen.

Ausgangspunkt
Mainz-Hechtsheim, Beginn der Militärstraße (ehem. Wasserwerk).
Karten TK 1:50 000 Wander- und Radwanderkarte "Mainz und Rheinhessen"; TK 1:25 000 Blatt 6015 Mainz, TK 1:15 000 Stadtplan Mainz.
Anfahrt Von der Innenstadt mit dem Rad durch den Ebersheimer Weg – Karcherstraße – Ortsmitte Hechtsheim – Morschstraße – Wasserwerk/Militärstraße.
Radtourenstrecke (25 km): Hechtsheim – Militärstraße – vor Ebersheim (5 km) – Klein-Winternheim am Berg (4 km) – Mainz-Lerchenberg (2 km) – Ober-Olmerwald – vor Wackernheim, alter Bahnhof (7 km) – Mainz-Finthen (6 km)

Beschreibung der Radtourenweges
Die Militärstraße beginnt am südlichen Ortsende von Hechtsheim beim ehemaligen Wasserwerk. Man fährt auf dem jetzt vorwiegend von Landwirtschaftfahrzeugen und Radfahrern benutzten asphaltierten Weg am Rande des Höhenrückens in einer Pappelallee. Nach etwa 2 km Fahrt, noch vor dem Aussiedlerhof, ist rechts in einem Gebüschwäldchen eine Rampe verborgen (am besten von der Feldseite zu sehen), die zur Militärbahn gehörte. Weiter geht die Fahrt auf der Militärstraße in einem großen Rechtsbogen bis zur Gaustraße (Hechtsheim – Harxheim), die man vorsichtig überquert. Der Weg auf der ehemaligen Trasse führt geradeaus bis zum Querweg vor Ebersheim. Dort war ein Abzweig der Festungsbahn, der westlich an Ebersheim vorbei bis nach Zornheim führte. Sie bediente die Vorposten der Festung Mainz.

Die Fahrt geht nun im Querweg nach rechts weiter durch die Franzosendell auf dem asphaltierten Weg bis zum nächsten Querweg, in den man nach links einbiegt. Der Weg ist unterschiedlich in seiner Qualität. Links sieht

Radwanderungen

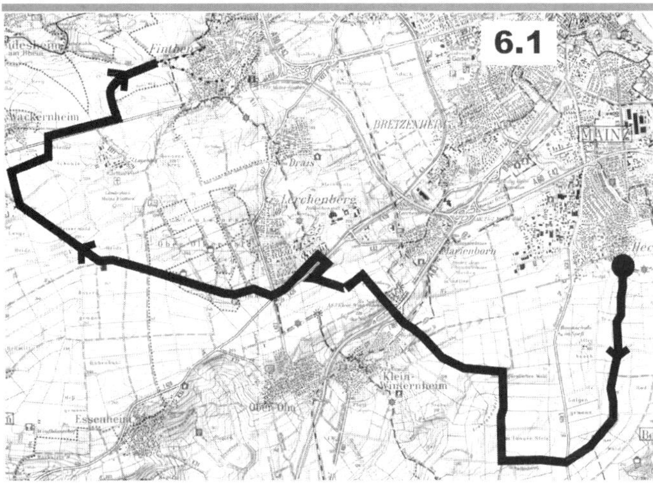

man in etwa 200 m Entfernung noch die Reste des mit Büschen bewachsenen Dammes der Militärbahn liegen. Die Bahnlinie war so gezogen, dass sie etwas unterhalb der Horizontlinie lag, so dass sie von Westen nicht eingesehen werden konnte. Der Weg schlängelt in weiten Kurven nun bis zum Pfaffenstein oberhalb von Marienborn und Klein-Winternheim. Vor dem Kreisel kann man rechts an der Halle des Mastbetriebes über dem Eisenbahntunnel der Bahnlinie Mainz – Alzey noch die Umrisse des kleinen Verladeplatzes der Festungsbahn sehen, die eine Abzweigung zum Bahnhof Marienborn hatte.

Weiter geht die Fahrt auf dem Radweg über die Autobahn bis zum Ende des Gewerbegebietes Klein-Winternheim am Berg. Dort benutzt man den Radweg rechts der Straße K 51-neu und gelangt zu einem Ökotop mit Rückhaltebecken. Dort fährt man links hinauf zur Straße, überquert bei der Ampel die K 51-neu, fährt etwa 200 m aufwärts und biegt dann nach rechts in den Weg ein, der zur Trasse der Militärbahn führt. Man kann noch sehr gut den Damm erkennen. Die Trasse wird vom Landwirtschaftsverkehr benutzt. Dann gelangt man zur L 426, der man auf dem asphaltierten Parallelweg nach rechts zum Kreisel vor Mainz-Lerchenberg folgt. Auf dem Kreiselradweg fährt man einen Dreiviertelkreisel und dann in die Brucknerstraße hinein. Nach 150 m biegt man (am besten über den Zebrastreifen) links in die Lortzingstraße ein. Es geht aufwärts bis zum Sportgelände und Clubhaus des Lerchenberger Sport-Clubs. Vor dem Eingangstor fährt man rechts auf dem Weg (ehemalige Trasse der Festungsbahn) am Rande der Häuser entlang bis zu dem kleinen Sportplatz.

Überreste des Bahnhofs der Festungsbahn bei Wackernheim

Auf der Bahntrasse der "Luise" im Selztal

ternheim fahren und dort die schlossähnlichen ehemaligen Höfe der Obentraut (von ihnen stammte der "Deutsche Michel" ab) und der Wallbrunn sehen, sowie den frühromanischen Kirchturm der kath. Johannes-Evangelist-Kirche und die aus rheinhessischem Kalksandstein erbaute, harmonische neuromanische evangelische Kirche. Durch die Tassilostraße kommt man wieder hinunter zum Selztalradweg. Es geht links weiter auf der Trasse der Bahn, dann nach rechts hinunter zur Selz, ein Stück an der Selz entlang und dann halblinks nach Schwabenheim, das man bei der alten kath. Bartholomäus Kirche (Teile aus dem 11. Jh.) und der ehemaligen Benediktiner-Propstei von St. Maximin in Trier erreicht. Auch hier sollte man einen Abstecher in den Ortskern machen.

Wieder zurück auf dem Selztal-Radwanderweg, fährt man weiter auf der Trasse - rechts ein kleines Wellblech-Bahntelefon-Häuschen - nach Elsheim, das man bei der Elftausend-Mägde-Mühle erreicht. Durch Elsheim fährt man dem Radwegschild folgend durch die Mühlstraße, Raiffeisenstraße und "Im Weinklauer" zur Hauptstraße. Rechts kann man noch den alten Bahnhof sehen. Die Bahn fuhr früher in Richtung Jugenheim entlang der Landstraße L 413. Da es hier aber keinen Radweg auf der Trasse gibt, muss man einen Umweg durch Stadecken und der Beschilderung nach durch den alten Ortskern nehmen. Man erreicht dann die L 413, fährt kurz nach rechts und dann nach links auf den Radweg, der im Verlauf des Saubaches nach Jugenheim – weit ab von der verkehrsreichen Landstraße – führt. Auch hier verlockt der alte Ortskern mit seinen Fachwerkhäusern und die am Berghang liegende großräumige evangelische Martinskirche, die nach den Plänen des Saarbrücker Baumeisters Friedrich Joachim Stengel um 1770 erbaut wurde, denn damals

gehörte Jugenheim zum Fürstentum Saarbrücken-Kirchheimbolanden-Nassau-Weilburg. Der Turm ist gotisch, und im Turmgewölbe befinden sich frühe Wandmalereien. Man verlässt den Ort auf dem Radweg entlang der Landstraße. Rechts sieht man den Bahnhof, die Endstation der Selztalbahn.
Den Rückweg tritt man am besten über Partenheim an, wobei man die Ortsdurchfahrt benutzen sollte, um die ehemaligen Schlösser derer von Wambold und von Wallbrunn zu sehen und vor allem das gotische Kleinod der Kirche mit ihren Rittergräbern der Wallbrunner, den großen Wandmalereien und einem gotischen Sternengewölbe. Auf der L 413 verlässt man den Ort und oben auf der Höhe – kurz vor dem SWR Rheinsender - trifft man auf einen Kreisel, den man nach rechts auf der L 415 verlässt. Leider fehlt bis Ober-Hilbersheim ein Radweg. Dort trifft man im Tal des noch jungen Welzbaches auf einen Radweg, der dann durch Nieder-Hilbersheim weiter an Pferdekoppeln und an einer ehemaligen Mühle vorbei nach Appenheim und von da entlang der L 415 hinunter nach Gau-Algesheim und zum Rheinhessischen Fahrradmuseum führt. Über Gau-Algesheim vgl. 2.4. Rückfahrt mit der Bahn vom Bahnhof Gau-Algesheim oder durch die Ingelheimer Straße, dann entlang der Bahnlinie auf dem ausgewiesenen Radweg nach Ingelheim.

6.3 Das "Amiche" von Bodenheim und Gau-Bischofsheim nach Undenheim (16 km)

Marliese Reitzel aus Selzen hat in ihrem motivierenden und infomierenden Büchlein "Strecken, auf denen die Dampfbahn fuhr" dem ungewöhnlichen Namen "Amiche" für die Bahn zwischen Bodenheim und Alzey nachgespürt. Demnach wurde für Einkäufe und Erledigungen in der Stadt, um Fahrtkosten für die Bahn zu sparen, eine Frau aus der Nachbarschaft, die ohnehin gern in die Stadt fuhr, beauftragt, Sachen, die es im dörflichen Laden nicht gab, aus der Stadt mitzubringen. Eine solche Frau war die Annemarie, im Ort abgekürzt Annemi, Ami, in der Verkleinerungsform Amiche genannt. Der Name wurde auf den Zug, auf die ganze Bahnlinie ausgedehnt. So entstand das "Amiche". Am 1. Oktober 1896 fuhr die Bahn zum ersten Mal auf der 30,9 km langen Strecke zwischen Bodenheim und Alzey und verkehrte bis zum 31. Mai 1985. Auf Initiative von Frau Reitzel und ihrem Team wurde ein Teil der Strecke zwischen Gau-Bischofsheim – Harxheim – Mommenheim und Selzen in einen attraktiven Rad- und Wanderweg umfunktioniert und 1995 mit einem großen Fest eröffnet.

Ausgangspunkt
Mainz-Laubenheim, Bahnhof.
Karten TK 1:50 000 Wander- und Radwanderkarte "Mainz und Rheinhessen";
TK 1:25 000 Blatt 6015 Mainz, Blatt 6115 Undenheim, Blatt 6215 Gau-Odernheim, Blatt 6214 Alzey
Anfahrt ÖPNV: Bahn 660 Bf. Mainz-Laubenheim; Straße B 9, L 431 Mainz- Nackenheim.
Radtourenstrecke (16 km): Laubenheim – Bodenheim (3 km) – Gau-Bischofsheim (3 km) – Harxheim (1 km) – Mommenheim (2,5 km) – Selzen (2,5 km) – Hahnheim (1 km) – Köngernheim (2 km) – Undenheim (1 km).

Beschreibung der Radtourenweges

Die Radtour beginnt am Bahnhof von Laubenheim und führt durch die Parkstraße und weiter in südlicher Richtung auf dem abgesetzten Radweg an der L 431 entlang der Landstraße und den Weinbergen der Lagen Klosterberg, Mönchspfad und Burgweg der Großlage Sankt Alban am Hang des Ostrheinhessischen Plateaus nach Bodenheim. Am Ortseingang von Bodenheim biegt man nach rechts in die Mainzer Straße ein und gelangt in die Ortsmitte. Dort besticht das Rathaus, ein eleganter Fachwerkbau mit Erker aus dem Jahre 1608. Durch die Rathausstraße und die Zwerchgasse gelangt man zum Dollesplatz. Links abbiegend verlässt man durch die Gaustraße den Ort und fährt auf dem Wirtschaftsweg entlang der L 413 direkt nach Gau-Bischofsheim zum ehemaligen Bahnhof beim Ortseingang. Dort findet sich auch der markierte Radweg. Nun geht die Fahrt im Bogen weiter zum ehemaligen Bahnhof von Harxheim-Lörzweiler und zum Bahnhof Mommenheim. Man überwindet eine sanfte Steigung in einem Bahn-Hohlweg und nähert sich - bei freier Sicht ringsum - Selzen, wo man von einem riesigen Frosch begrüßt wird, dem Namenstier der Selzener. In Selzen lohnt ein Abstecher in die Ortsmitte, wo es stattliche Weingüter gibt und eine von einem alten Friedhof umgebene Kirche. Der Turm ist ein romanischer Zufluchts- und Wehrturm, das Schiff stammt aus der Zeit um 1740. Im Inneren gibt es eine Orgel von 1787 aus der Orgelbauerwerkstatt der Gebrüder Stumm in Sulzbach bei Rhaunen im Hunsrück.

Der Radweg auf der Bahntrasse endet in Selzen. Er wird fortgesetzt mit der Beschilderung zum ehemaligen Bahnhof Selzen-Hahnheim, biegt dort links in das Gewerbegebiet ein und führt rechts auf einer kleinen Brücke über die Selz. Hinter der Brücke nach rechts auf dem asphaltierten Weg entlang der Selzaue zur alten Untermühle, die mit ihren idyllischen Wohn- und Wirtschaftsgebäuden zum gastlichen Verweilen einlädt. Man fährt weiter entlang der Selz durch die Gärten und durch das Neubaugebiet von Köngernheim, überquert die Hauptstraße am westlichen Ortsende und fährt gleich danach durch die Unterführung der B 420 auf dem Radweg nach Undenheim, wo man am Ortseingang vor dem Gasthof "Zur Reichskrone" links abbiegt zum ehemaligen Bahnhof Undenheim-Köngernheim. Hier trifft man auch auf die Trasse der Bahnlinie des "Valtinchens", das über Friesenheim und Dexheim nach Nierstein fuhr. Die Trasse dient heute als Radweg, wie im folgenden Kapitel 6.4 beschrieben. Zuvor ist ein Abstecher in den Ortskern von Undenheim zu empfehlen. Der Dorfplatz ist harmonisch gestaltet; es gibt Fachwerkhäuser, stattliche Bauernhöfe und die spätgotische Kirche Mariä Himmelfahrt mit einer bogengestützten großen Friedhofs- und Wehrmauer.

6.4 Das “Valtinche” von Undenheim nach Nierstein (10,2 km)

Die 10,2 km lange Strecke wurde am 1.11.-1900 eröffnet und am 7.10.1951 für den Personenverkehr geschlossen. Der Güterverkehr dauerte bis 1960. Darauf folgte bald der Abbau der Gleise. Später wurde ein asphaltierter Rad- und Wanderweg auf der Trasse angelegt. Die Bahn benötigte für die Strecke laut Fahrplan aus dem Jahre 1913 rund 31 Minuten, 1934, als eine neue Lokomotive die Wagen zog, 21-22 Minuten. Der Name “Valtinche” rührt laut Marliese Reitzel von einem Fuhrunternehmer namens Valentin her, der vor der Zeit der Eisenbahn jeden Tag die Milch von Undenheim nach Nierstein brachte. Als der Eisenbahnbetrieb begann, wurde der Namen auf das Bähnchen übertragen.

Ausgangspunkt
Undenheim, ehemaliger Bahnhof.
Karten TK 1:50 000 Wander- und Radwanderkarte “Mainz und Rheinhessen”; TK 1:25 000 Blatt 6115 Undenheim.
Anfahrt Fortsetzung der Radtour von 6.3 Mainz-Laubenheim – Selzen – Undenheim.
Radtourenstrecke (10,2 km): Undenheim – Friesenheim (1,6 km) – Dalheim, ehemaliger Bahnhof (3 km) – Dexheim (1,5 km) – Nierstein (4,1 km).

Beschreibung des Radtourenweges

Am ehemaligen Bahnhof radelt man kurz bis zum früheren Bahnübergang, überquert links die Gleise und fährt auf dem Damm des Valtinchens nach Friesenheim. Namensgeber des Ortes soll der Franke Friso gewesen sein, der hier sein Heim hatte. Ein kleiner Abstecher in den Ort macht deutlich, dass es sich um eine mittelalterliche Dorfanlage handelt, mit alten Hofreiten, Rathaus, Fachwerkhäusern und zwei Kirchen aus dem 18. und dem 19. Jh. In der katholischen Kirche befindet sich eine der seltenen Barockorgeln des Mainzer Orgelbauers Anton Onimus. Weiter geht die Fahrt auf der Bahntrasse am ehemaligen stattlichen Bahnhof vorbei bis zum früheren Bahnhof, der weit außerhalb von Dalheim liegt. Dort wird die Straße Dalheim-Dexheim überquert, und es geht weiter nach Dexheim,

Bekanntmachung.

Am 1. November wird die 10,31 km lange normalspurige Nebenbahnstrecke Nierstein—Undenheim—Köngernheim mit den Stationen Dexheim, Dalheim und Friesenheim für den allgemeinen Personen-, Gepäck- und Güterverkehr, sowie für die Beförderung von Leichen und lebenden Thieren eröffnet. Die Annahme und Abfertigung von Privatdepeschen, Fahrzeugen und Sprengstoffen ist auf dieser Strecke ausgeschlossen. Gleichzeitig wird die Gleisverbindung zwischen der Station Nierstein und Nierstein-Hafen für den Wagenladungsgüterverkehr eröffnet. Die zur Erhebung kommenden Gebühren betragen **eine Mark** für den Wagen, ohne Rücksicht auf das in demselben enthaltene Gewicht.

Mainz, den 28. October 1900.

Königl. Preuß. und Großh. Hess. Eisenbahndirektion.

2072)

das man an einem Erlebnisspielplatz erreicht. Auch hier bietet sich ein kleiner Ausflug in das Ortsinnere an. Dexheim wurde bereits 774 im Codex Laureshamensis des Klosters Lorsch erwähnt und war zeitweise ein freies Reichsdorf. Die Kirche hat einen frühmittelalterlichen Turm mit gotischen Rankenmalereien. Eine Besonderheit ist das bereits 1636 erwähnte rund-eckige, kegelförmige Backhaus, das von der Gemeinde restauriert wurde und heute zum Feiern einlädt. Bei der Weiterfahrt auf der Bahntrasse macht es Vergnügen, durch die Weinlagen des “Dexheimer Doktors” zu radeln. In der Ferne sieht man nördlich den gewaltigen Turm der ehemaligen Schwabsburg aus der Stauferzeit und weiter rechts davon die “Niersteiner Warte” aufragen. Jetzt nähert man sich Nierstein (vgl. 4.4) durch die kleine Grünanlage, die auf der Trasse angelegt wurde. In Richtung Rhein erreicht man durch die Unterführung den Bahnhof von Nierstein zur Rückfahrt mit der Bahn nach Laubenheim, oder man kann, wenn man möchte, auch auf dem europäischen Rhein-Radwanderweg unterhalb der Kilianskirche durch die Weinberge nach Nackenheim und weiter am Rhein entlang bis nach Laubenheim zurückradeln, wobei man auf der Höhe von Laubenheim die Unterführung durch die Schnellstraße nimmt, um an der Bezirkssportanlage vorbei durch den Neuweg und links abbiegend auf der Rheintalstraße den Bahnhof Laubenheim zu erreichen (Gesamtfahrstrecke der Touren 6.3 und 6.4 = 45 km).

6.5 Das "Bawettche" von Sprendlingen nach Wöllstein, Neu-Bamberg und Fürfeld (15+11 km)

Die Bahnstrecke war gebaut worden, um das rheinhessische Hinterland am Appelbach mit den wichtigsten Städten und Mittelzentren wie Alzey, Bingen und der Provinzhauptstadt Mainz zu verbinden. In Sprendlingen bestanden Anschlüsse an die Bahn nach Bingen und nach Alzey (in Armsheim umsteigen nach Mainz) und an die später gebaute Straßenbahn von Sprendlingen nach Bad Kreuznach. 1888 wurde der Teilabschnitt Sprendlingen – Wöllstein eröffnet; erst zehn Jahre später die Fortsetzung über Neu-Bamberg - Frei-Laubersheim nach Fürfeld. Für die gesamte Strecke von 14,2 km brauchte der Zug 1913 rund 45 Minuten und 1950 neun Minuten weniger. Der erste Zug fuhr in Fürfeld um 5 Uhr ab, der letzte Zug kam 1925 abends um 21.55 Uhr in Fürfeld an. 1953 wurde die Bahnlinie für den Personenverkehr aufgegeben, und bis 1973 fuhren noch Güterzüge zwischen Sprendlingen und Wöllstein. Nach dem 1. Weltkrieg bis 1923 ruhte der Schienenverkehr auf Anordnung der französischen Besatzungsmacht. Betreiber der Bahn war die Süddeutsche Eisenbahngesellschaft SEG, die auch die Selztalbahn unterhielt. Die Bahn beförderte jährlich durchschnittlich 85 000 Personen, 1948 war ein wahres Rekordjahr mit 215 400 Menschen, die die Bahn für "Hamsterfahrten" benutzten. Auf der Bahnlinie waren zum Beispiel 1928 drei Lokomotiven, sechs Personen- und vierzehn Güterwagen eingesetzt.

Der Name "Bawettche" (auch Babettchen) soll von der ersten Frau stammen, die mit dem Zug fuhr. Sie hieß mit Vornamen Babette.

Rektor Lutz Ruppersberger aus Wöllstein hat in seinem Buch "Chronik der Nebenbahn Sprendlingen – Wöllstein – Fürfeld" 1982 eine umfangreiche Dokumentation erstellt. Er hat darin auch manche Erzählung und Anekdote über das “Bawettche” und seine Passagiere festgehalten. So soll sich einmal ein mit Steinen schwer beladener Waggon in Neu-Bamberg selbständig gemacht haben und mit immer höherer Geschwindigkeit durch das Appelbachtal auf Wöllstein zugerast sein. Der Bahnhofsvorsteher im Wöllsteiner Bahnhof stellte die Weichen so, dass der heranrollende Wagen in den Güterschuppen gelenkt wurde. Dort kam er erst zum Stehen, als er mit voller Wucht die Rückwand des Schuppens durchschlagen hatte.

Ausgangspunkt
Sprendlingen, Bahnhof.
Karten TK 1:50 000 Wander- und Radwanderkarte “Mainz und Rheinhessen”;
TK 1:25 000 “Wandern in der Rheinhessischen Schweiz” des Zweckverbandes Rheinhessische Schweiz (Wöllstein, Tel.: 06703-302-0).
Anfahrt ÖPNV: Bahn Bingen-Sprendlingen 662, Worms-Alzey-Sprendlingen 662, Mainz-Armsheim 661, Armsheim-Sprendlingen 662;
Auto: A 61, Ausfahrt Gau-Bickelheim, B 50 nach Sprendlingen.
Radtourenstrecke (15 km + 11 km):
Sprendlingen – Badenheim (3 km) – Wöllstein (3 km) – Neu-Bamberg (3 km) – Frei-Laubersheim (2 km) – Fürfeld (3 km) [Fürfeld – Eilbachtal - Brücklöcherhof (2 km) – Altenbamberg (2 km) – Ebernburg (3 km) – Bad Münster am Stein (1 km) – Salinental – Bad Kreuznach (3 km)]

Beschreibung des Radtourenweges
Vom Bahnhof in Sprendlingen fährt man zunächst in die Ortsmitte durch die Friedrich-Ebert-Straße halblinks vom Bahnhof, dann nach rechts in die Elisabethenstraße und geradeaus in die Kirchgasse zum Marktplatz mit der evangelischen Kirche, die einen runden Turm aus der früheren Wehrmauer der Ortsbefestigung hat. Dann geht es nach rechts durch die Gertrudenstraße (im Frühmittelalter war die Benediktinerinnenabtei St. Gertrud in Nivelles, Belgien, hier begütert). Am Ende der Gertrudenstraße fährt man geradeaus weiter und folgt dann dem Schild “Freibad, Tennisplätze”. Hinter der Bahnunterführung radelt man halb links an der Tennishalle vorbei bis zur Bank beim Milleniumswäldchen, wo man nach links auf den betonierten Landwirtschaftsweg abbiegt, der zum Wiesbach führt. Am busch- und baumbestandenen Ufer entlang fährt man bis zur Landstraße, in die man nach rechts einfährt, um auf ihr unter der A 61 hindurch und über die B 50 geradeaus

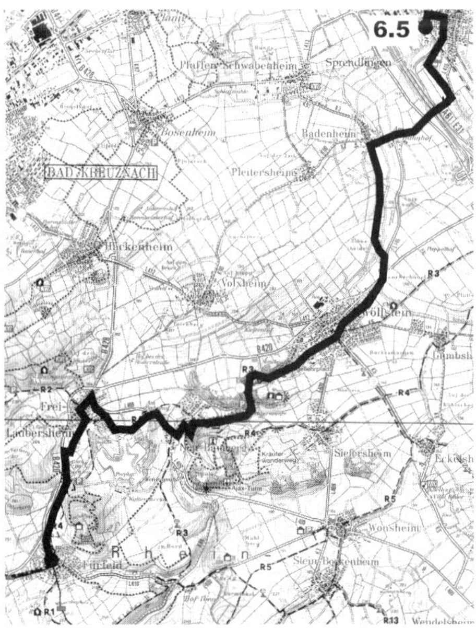

(Vorsicht!) zu fahren. Kaum merklich überquert man den Bergrücken zwischen Wiesbachtal und Appelbachtal. Man kommt zum Ortseingang von Badenheim, Ortsteil “Am Bahnhof”, wo früher das “Bawettche” dampfte. In Badenheim lebte einst der Dichter und Schriftssteller Isaac Maus (1748-1833), bekannt durch sein Buch “Der Pflüger hat den

Ehemalige Eisenbahnbrücke über den Appelbach bei Wöllstein

Dichterspleen". Dem Radwegeschild "Wöllstein" folgend biegt man dann nach links ab in die Flur. Links sieht man in einiger Entfernung den Verlauf des Appelbaches. Etwa 1km vor Wöllstein biegt man links ab und überquert auf einer Brücke den Wiesbach. Sodann trifft man auf die Trasse der Bahn, in die man nach rechts einbiegt. Weiter geradeaus überquert man vorsichtig die B 420 und fährt dann in einem Rechtsbogen nach Wöllstein, das man auf dem Badenheimer Weg erreicht. Bald gelangt man zum alten Bahnhof, der inzwischen privatisiert wurde und als Lagerhalle für Baumaterialien dient.

In Wöllstein ist der Radwanderweg markiert. Er führt durch die Barsac-Allee zum Schützenhaus und weiter in das an dieser Stelle besonders schöne Appelbachtal (vgl. 1.2). Hier fährt man zunächst über die Brücke der Bahn zur Ölmühle und über eine zweite Brükke auf die andere Seite des Appelbaches. Auf der Trasse weiterfahrend, erreicht man - wieder über eine Bahnbrücke – Neu-Bamberg. Hier sollte man sich das Bergdorf genauer ansehen (vgl. 1.2) und die Trasse, die ins Neubaugebiet führt, verlassen. Durch die "Kandelpforte" verlässt man das ehemalige Amtsstädtchen wieder und fährt auf der Straße Richtung Frei-Laubersheim bis zum Abzweig nach links zum alten Bahnhof Neu-Bamberg - Freilaubersheim, der privat bewohnt wird. Jetzt geht die Fahrt weiter auf der ehemaligen Bahntrasse bis zum Neubaugebiet von Frei-Laubersheim. Man radelt nach rechts in den Schlittweg und weiter auf dem Wirtschaftsweg in den alten Ortskern von Frei-Laubersheim. Den romanischen Kirchturm hat man schon von weitem gesehen, ebenso sehenswert sind die Fachwerkhäuser und Winzerhöfe sowie das schmucke Rathaus aus der Renaissancezeit mit seinem Fachwerk-Erker. Man fährt die Hauptstraße aufwärts, dann nach links in die Schulstraße und abwärts bis zum Talgrund und biegt am Bäch-

lein nach rechts in den neuen Radwanderweg ein, der zunächst am Wasserwerk vorbei bis zur Höhe entlang der B 420 führt. Auf der anderen Seite der B 420 erblickt man in etwa 100 m Entfernung die bewachsene Trasse der Bahn, die aber nicht befahrbar ist. Es geht leicht abwärts, dann nach links, und man biegt ein nach Fürfeld. In der übernächsten Straße fährt man wiederum nach links in die Bahnhofstraße. Sie führt direkt zum ehemaligen Bahnhof, der Endstation des "Bawettche". Der Bahnhof ist ein stattliches Gebäude, jetzt in Privathand, und der Lokschuppen liegt versteckt zwischen hohen Getreidesilos. Auf die Frage, wo der Lokschuppen sei, zeigte mir ein Arbeiter das Gebäude und sagte: "Da stand das Bawettche drin!".
Zum nächsten Bahnhof fährt man mit dem Rad durch Fürfeld, kreuzt mit Vorsicht die gefährliche B 420 und fährt durch das liebliche Eilbachtälchen hinunter ins Alsenztal zum Bahnhof von Altenbamberg, oder weiter auf dem Radweg nach Ebernburg, über die Nahebrücke nach Bad Münster am Stein (Bahnhof) oder weiter durch das Salinental zum Bahnhof von Bad Kreuznach.

6.6 Das "Wissegickelche" von Worms nach Offstein (28 km)

Im Unterschied zum "Gickelche", das zwischen 1903 und 1961 von Worms nach Gundheim dampfte, fuhr das "Wissegickelche" im Eisbachtal von Worms über Heppenheim an der Wiese nach Offstein (und weiter nach Grünstadt an der Weinstraße). Den Namen "Wissegickelche" erhielt das Bähnchen von den Wiesen, die sich hier ausbreiteten. Auch wurde es "Zuckerlottchen" genannt, weil es Zuckerrüben nach Offstein in die Zuckerfabrik beförderte. Aber damit war es aus, als der Transport nicht mehr mit der Bahn, sondern mit LKWs erfolgte. Da schlug in den 80er Jahren auch für das Wissegickelche die letzte Stunde im Güterverkehr. Der Personenverkehr wurde schon früher eingestellt. Heute ist die Trasse zwischen Worms über Horchheim bis zum Ortsrand von Wiesoppenheim ein Rad- und Wanderweg, an dem noch die alten Bahnhöfe stehen.

Ausgangspunkt
Worms, Hauptbahnhof.
Karten TK 1:50 000 Wander- und Radwanderkarte "Mainz und Rheinhessen";
TK 1:25 000 Blatt 6316 Worms, Blatt 6315 Worms-Pfeddersheim; 1:15 000 Worms, Nibelungen-, Dom- und Lutherstadt.
Anfahrt ÖPNV: Bahn 660 Mainz-Worms-Ludwigshafen-Mannheim.
Radtourenstrecke (28 km): Worms Hbf. – Horchheim (7 km) – Wiesoppenheim, nördl. Ortsrand (2 km) – Heppenheim an der Wiese (4 km) – Offstein (2 km) – Hohen-Sülzen (2 km) – Pfeddersheim (2 km) – Leiselheim (2 km) – Hochheim (2 km) - Worms Innenstadt (4 km).

Dann radelt man nach links zum Marktplatz mit der Dreifaltigkeitskirche. Man biegt nach rechts in die Petersstraße ein, wo man in der dritten Straße links auf die romanische Pauluskirche trifft. Sie hat 16fach gefaltete Kuppeltürme ("Sarazenentürme"). Die Kirche gehört den Dominikanern. Durch die Paulusstraße gelangt man in Richtung Rhein zur alten Stadtmauer mit dem "Lutherpförtchen" und zum modern gestalteten Nibelungenmuseum, das sich an die Stadtmauer lehnt. Durch die Bärengasse kommt man zur Judengasse, wo sich auch die älteste Synagoge befindet. Man fährt weiter im Rund durch die Martinsgasse zur romanisch-gotischen Martinskirche und zu den Parkanlagen mit dem großen Lutherdenkmal. Von hier ist es nicht mehr weit durch die Kriemhildenstraße zum Bahnhof.

7.0 Eine Museums-Radtour: Gau-Algesheim – Ingelheim – Bingen – Ockenheim – Gau-Algesheim (35 km)

Eine Fahrradtour besonderer Art: Mit dem Rad von Museum zu Museum! Das Rheinhessische Fahrradmuseum in Gau-Algesheim bietet sich als Ausgangspunkt zu dieser Tour natürlich an. Man möchte per Rad mit den anderen Museen Kontakt aufnehmen. Im Museum bei der Kaiserpfalz in Ingelheim locken die Exponate der Ausgrabungen in der Kaiserpfalz, die Werke des ersten Cosmographen Sebastian Münster und die Geschichte der Stadt und des Ingelheimer Raumes. In Bingen lernt man im Museum am Strom die in der damaligen Wissenschaft und Mystik wurzelnde Hildegard von Bingen kennen. Die Ärzte unter den Fahrradfahrern sehen hier das gut erhaltene umfangreiche Ärztebesteck aus der Römerzeit, und alle Besucher sind von den Einrichtungen und den Bildern der Rheinromantik angetan. Auch das Stefan George- Museum ist sehenswert und hält für die Jünger von George die Erinnerungen an den lebendigen und exzeptionellen Geist des George-Kreises wach. Und schließlich steht das Heimatmuseum in Ockenheim für dörfliche Kultur, und es überrascht durch Sonderausstellungen, wie zum Beispiel 2003 über die Geschichte des Weinglases mit Gläsern aus zwei Jahrhunderten. – Vom Fahrrad aus betrachtet schlägt man das große Buch der Landschaft, der Natur und der Kultur dieses Raumes auf, und in den Ortschaften schlägt das Herz der Geschichte in den Häusern, Höfen, Kirchen und Burgen dieser Region.

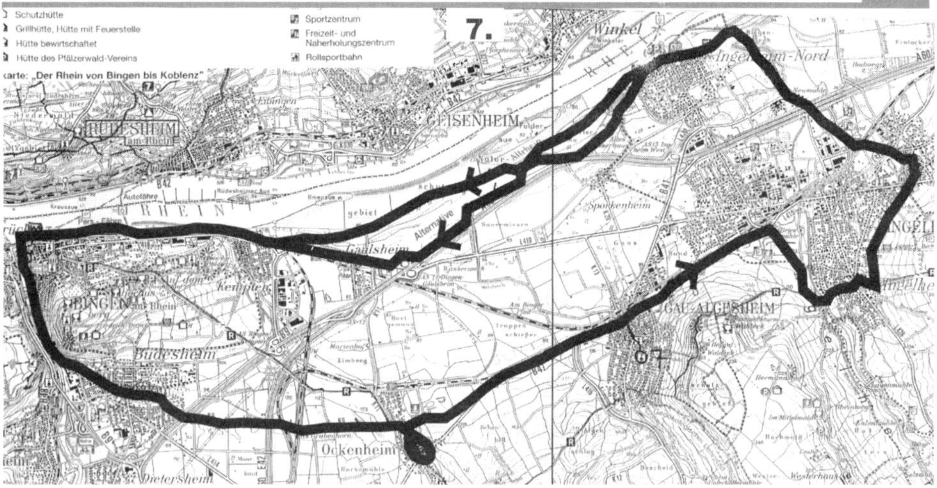

Ausgangspunkt
Gau-Algesheim, Rheinhessisches Fahrradmuseum Schloss Ardeck, Schlossgasse 12, aber auch jedes der genannten Museen in Ingelheim, Bingen und Ockenheim.

Karten TK 1:50 000 Wander- und Radwanderkarte "Mainz und Rheinhessen"; TK 1:25 000 Blatt 6014 Ingelheim am Rhein, Blatt 6013 Bingen.

Anfahrt ÖPNV: Bahnhof Gau-Algesheim, durch die Langgasse zum Marktplatz und Kreuzhof (rechts vom Rathaus) über die Schlossgasse zum Museum.

Auto: A 60 Ausfahrt Ingelheim West, Richtung Gau-Algesheim, über die Eisenbahnbrücke, nach links in die Langgasse, Marktplatz mit der Kath. Kirche, nach rechts in die Schlossgasse, Museum.

Radtourenstrecke (35 km): Gau-Algesheim, Fahrradmuseum – Ober-Ingelheim (Burgkirche) (5 km) Ingelheim-Mitte, Museum bei der Kaiserpfalz (2 km) – Ingelheim-Nord (4 km) – Bingen-Kempten (7 km) – Bingen, Historisches Museum am Strom (2 km) – Stefan-George-Museum (0,5 km) – Bingen-Büdesheim (1,5 km) – Ockenheim, Heimatmuseum (8 km) – Gau-Algesheim (5 km).

Beschreibung des Radtourenweges
Nach der Besichtigung des Rheinhessischen Fahrradmuseums in Schloss Ardeck in Gau-Algesheim beginnt die Museums-Radtour. Es geht zuerst durch die Schlossgasse, dann nach links zum Marktplatz und dort nach rechts im gestatteten Gegenverkehr zur Einbahnstraße durch die Langgasse. Am Ende biegt man nach rechts ab in die Ingelheimer Straße, die direkt zum Radweg in Richtung Ingelheim führt. Entlang der Bahn geht es bis zur Umgehungsstraße von Ingelheim, dann nach rechts entlang des Rad- und Wirtschaftweges dieser Straße bis zum Kreisel. Dort überquert man die Straße und kommt in die Altegasse von Ober-Ingelheim. Man strampelt aufwärts bis zur Stiegelgasse, dort wenige Meter nach links und gelangt zum Marktplatz. Man überquert ihn und fährt durch die Straße "An der Burgkirche" weiter aufwärts zur Burgkirche mit ihrem Befestigungsring (vgl. 1.4). Hinter der Wehrmauer und der Kirche biegt man oberhalb des Festplatzes nach links in den Gehauweg ein und radelt dann immer geradeaus durch die Rotweinstraße mit ihren modernen Villen und durch die Turnerstraße zur Mainzer Straße in Ingelheim-Mitte, in die man nach rechts einbiegt. Links ist

Museum am Strom in Bingen

dann gleich der François-Lachenal-Platz mit dem Museum bei der Kaiserpfalz.
Nach dem Besuch des Museums und der in der Nähe liegende Kaiserpfalz (vgl. 1.4) geht es durch die Straße "Im Saal". Am Ende links Abfahrt bis zur 2. Ampel, dort 100 m nach links und dann nach rechts durch den Gartenweg zur Bahn. Diese wird in der Unterführung gequert. Auf der anderen Seite ist das Schwimmbad und das Stadion. An diesen Sportstätten fährt man halb links vorbei und gelangt unter der Autobahn A 60 hindurch und im Verlauf der ehemaligen Selztalbahn zur Neumühle. Dort geht es nach rechts durch ein Wäldchen, jetzt an der Selz entlang, nach Ingelheim-Nord (Frei-Weinheim).
In Frei-Weinheim quert man die Zufahrtsstraße zur Fähre und setzt die Museums-Radtour fort entweder am Rheinuferweg nach Bingen-Kempten, oder auf dem asphaltierten Weg entlang des Rheindammes, wie ausgewiesen, nach Gaulsheim und weiter nach Bingen-Kempten. Zwischen Bahn und Rhein (Hafen, Fähre) geradeaus weiter am alten Kranen vorbei radelnd erreicht man fast am Ende der Rheinanlagen von Bingen das Historische Museum am Strom. Nach der Besichtigung fährt man durch die Bahnunterführung beim Rheinhotel und auf dem Radweg und biegt nach 300 m links ein in den Freidhof, wo sich das Stefan-George-Museum befindet. Daneben steht die gotische Basilika St. Martin, die man ebenfalls besuchen sollte. Dann fährt man wieder zurück zum Radweg in der Stefan-George-Straße und nach links an der Drususbrücke vorbei geradeaus weiter nach Bingen-Büdesheim. Die Straßenfolge Saarlandstraße, Raiffeisenstraße, Ockenheimer Straße mit dem Hildegardishof und der größten Sammlung von Schmuckholzfässern lässt die Ortsdurchfahrt leichter werden. Die Radtour führt auf der Ockenheimer Chaussee über zwei Brücken und durch zwei Unterführungen nach Ockenheim. Durch die Ortsmit-

te erreicht man die Mainzer Straße, in die man nach links einbiegt und nach etwa 200 m rechts die Grundschule mit dem Heimatmuseum findet. Dann fährt man etwa 100 m zurück und gelangt durch die Grabenstraße wieder zum Friedhof, hinter dem man im Sporkenheimer Weg auf den Radweg nach Gau-Algesheim trifft. Den Endpunkt der Radtour setzt man dann in Gau-Algesheim (vgl. 2.4).

Rheinhessisches Fahrradmuseum Schloss Ardeck
55435 Gau-Algesheim. Sonn- und feiertags von 11-17 Uhr von Ostern bis zum 2. Sonntag im Oktober und nach Vereinbarung (Heinz-Egon Rösch, Tel. 06131-72221, Stadt Gau-Algesheim, 06725, 3151).

Museum bei der Kaiserpfalz
François-Lachenal-Platz, 55218 Ingelheim, Sa. + So. 10-17 Uhr und nach Vereinbarung, Tel. 06132-1374,
2003 wegen Umbau geschlossen.

Historisches Museum am Strom – Hildegard von Bingen
Museumstraße 3, 55411 Bingen,
Di.-So. 10-17 Uhr, Tel. 06721-990654.

Stefan-George-Museum
Freidhof 9, 55411 Bingen,
Di., Do., Sa. und nach Vereinbarung, Tel. 06721-991094.

Heimatmuseum Ockenheim
Grundschule, Mainzer Straße,
55437 Ockenheim, Ostermontag, drei Wochenenden im September, 1. Nov., 27. Dez. 15-18 Uhr u. nach Vereinbarung,
Tel. 06725-1440.

Der Autor, Heinz-Egon Rösch, geboren 1931 in Ingelheim am Rhein, verbrachte seine Schulzeit in Bensheim/Bergstraße und studierte an den Universitäten Mainz, Freiburg und Saarbrücken. Zehn Jahre lang war er Lehrer an Schulen in Rheinland-Pfalz. Nach der Promotion bildete er Lehrer an den Universitäten Koblenz und Mainz aus. Nach seiner Habilitation im Jahre 1976 leitete er von 1979 bis 1997 als Ordinarius das Institut für Sportwissenschaft an der Heinrich-Heine-Universität in Düsseldorf.
Rösch schrieb 24 Bücher darunter 10 Radtouren- und Wanderbücher und drei allein Rheinhessen betreffende Wander- und Radwanderführer: *Wandern in Rheinhessen* (Mainz 1990), *Wandern im Rhein-Main-Gebiet* (Mainz 1998) und *Rad-Wanderführer Rheinhessen/Pfalz* (6. Aufl. 2003).

LITERATURHINWEISE

BEHRENS, Gustav: Bodenurkunden aus Rheinhessen. Teil I. Mainz 1927
BICKEL, Wolfgang: Rheinhessen, Zeugnisse seiner Geschichte, Frankfurt am Main 1994
BICKEL, Wolfgang: Weinbergshäuser, Worms 2002
BITZ, Andreas, KRINGS, Peter, REITZEL; Marliese: Radwanderführer durch das Selztal/ Rheinhessen. Mainz 2003
CÜPPERS, Heinz (Hrsg.): Die Römer in Rheinland-Pfalz, Stuttgart 1990
DUMONT-SCHERF-SCHÜTZ (Hrsg.): Mainz. Die Geschichte der Stadt, Mainz 1998
FISCHER-WOLPERT, Rudolf: Wallfahrtsstätten im Bistum Mainz, München-Zürich 1983
GALLÉ, Volker: Rheinhessen, Köln 1992
HEINEN, Winfrid: Rheinhessen, Gesamtwerk Deutscher Wein, Trittenheim 1988
HÜBEL, Marlene: Wo Goethe schritt und weilte, Mainz 1999
KOCH, Hans-Jörg: Weinland Rheinhessen, Mannheim 1976
KRASENBRINK, Josef: Die Pilgerwege zur Binger St. Rochuskapelle, Bingen 1994
PFERDEHIRT, Barbara: Das Museum für antike Schifffahrt, Mainz 1995
REITZEL, Marliese: Strecken, auf denen die Dampfbahn fuhr, Selzen 1998
RÖSCH, Heinz Egon: Wandern in Rheinhessen. Ein Rheinhessenbuch, Mainz 1990
RÖSCH, Heinz Egon: Wandern im Rhein-Main-Gebiet, Mainz 1998
RÖSCH, Heinz Egon: Rad-Wanderführer Rheinhessen/ Pfalz, Ostfildern 1989, 6. Aufl. 2003
RUPPERSBERGER, Lutz: Chronik der Nebenbahn Sprendlingen-Fürfeld, Alzey 1982
SCHATZSUCHE. Museen in Rheinland-Pfalz, München 1999
SCHULZ-PARTHU, Angelika (Hrsg.): Lust auf Rheinhessen, Ingelheim 2002
STADT GAU-ALGESHEIM (Hrsg), Gau-Algesheim. Historisches Lesebuch, Gau-Algesheim 1999
WITTEYER, Marion: Göttlicher Baugrund, Mainz 2003